MIRROR WORK

21 Days to Heal Your Life

鏡子練習

21 天創造生命的奇蹟

露易絲・賀 著

張國儀 譯

【目錄】

Part 2 愛內在小孩，釋放恐懼 063

Part 3 療癒關係，接收富足 115

〈編輯室報告〉

露易絲．賀和她的鏡子練習

出生於一九二六年，「高齡」九十多歲，至今依舊優雅美麗，且著書不輟、到處演講，閒暇時喜歡畫畫、種花和跳舞的露易絲．賀，是全世界最大的身心靈出版社「賀書屋」（Hay House）創辦人。因為致力於幫助人們發掘自身擁有的個人成長與自我療癒力量，並提供有效工具，而被稱為「自我療癒界的第一夫人」，澳洲媒體甚至說她「有如聖人」。她的經典療癒名作《創造生命的奇蹟》至今已在全球銷售超過五千萬冊，改變了千千萬萬人的生命，並且在出版二十年後再度登上《紐約時報》暢銷書榜，創出版史紀錄，顯示她傳達的訊息歷久彌新，受到一代又一代的讀者喜愛！

這樣的露易絲．賀，她的生命本身就是一個傳奇。

小時候，她跟著母親嫁給有暴力傾向的繼父，五歲時被酒鬼鄰居強暴。長期在凌虐之下成長，讓她極度欠缺自我價值感。

十五歲時輟學，成了未婚媽媽，在十六歲生日當天將女兒送人扶養。她做過許多低薪的勞役工作，後來幸運地成爲時尚模特兒。

二十八歲時嫁給一位事業有成的英國紳士，但婚後十四年，丈夫因外遇離開她。近乎崩潰的她從宗教科學教會的課程中發現人的思想具有轉變性力量，足以改變生命，從此開始鑽研正向思考的影響力，並教人以「正面肯定句」療癒自己的身心，可說是現今風行、以肯定句療癒生命這種方法的始祖。

五十二歲那年，她被診斷出罹患子宮頸癌。她知道這是印證自身觀點的好機會，便開始規畫自己的療癒方式，並專注於釋放因童年時期受虐而累積的憤怒與怨恨。六個月後，她的癌細胞消失無蹤。於是，她從個人實際經驗中了解到：只要願意改變自己的思想、信念和行動，疾病是可以療癒的！

五十八歲時，爲了讓眾人了解「你的思想創造了你的生命，只要願意對自己的心下功夫，幾乎所有問題都能被療癒」，她寫了《創造生命的奇蹟》一書。然而，因為書中的主要觀點不被當時的主流出版社接受，她乾脆自力出版，在自家客廳創立了如今的賀書屋，並逐漸聚集美國身心靈界許多重要的作家和老師。

將近四十年來，露易絲一直在教人療癒，教人肯定句的力量，也教人愛自己。而她提供的一個廣為人知的方法，就是「鏡子練習」——對著鏡中的自己說正面肯定句。

露易絲發現，你與自己的關係，會影響到你生命中的一切。因此，如果你覺得被困在痛苦的親密關係、無法令人滿足的工作、不健康的習慣，甚至財務問題中，鏡子練習是一個深入內在去療癒的好方法，可以讓更多你想要的事物進入你的生命。

然而，這項練習對許多人來說都非常困難。露易絲提到，她很少看到有人在做鏡子練習時可以很平靜，更別說樂在其中了。有些人會哭出來或幾乎快掉下眼淚，有些人會發脾氣，有些人會鄙視自己的長相或特徵，有些人則堅稱自己做不到。她還碰過一位男士竟然把鏡子摔得老遠，想要逃開，後來花了好幾個月，他才有辦法開始正視鏡子裡的自己。

即使是老師級的人，也不見得能夠平靜面對鏡中的自己。美國知名的自我關懷技巧訓練師雪柔．李察森就提到，她一開始做鏡子練習時，跟大多數人一樣，覺得這樣做很蠢，心想：「不，我做不到！」

露易絲說，她知道鏡子練習可能會讓人覺得很煎熬，因爲它揭露了你最根本的恐懼、最可怕的自我批判。不過，如果持續看著鏡子，你就會開始看穿那些批判，看見眞正的自己。

露易絲自己親身體驗到這個方法的力量。她透過鏡子練習療癒了自己的童年創傷、低自尊，甚至癌症，進而建立成功的事業和美好的人生。

她和許多人都藉由鏡子練習創造了生命的奇蹟，你也做得到。

〈前言〉

鏡子練習是你可以給自己的一份最有愛的禮物

鏡子練習可以讓你學會愛自己，並將這個世界視爲安全又充滿愛的地方。

從教導「肯定句」開始，我就一直在教大家做鏡子練習。簡單來說，無論我們說了什麼或想些什麼，都是一種肯定句。你所有的自言自語、出現在你腦袋裡的對話，都是一連串的肯定句。這些肯定句是給你潛意識的訊息，並由此建立一套思考與行爲的習慣模式。正面的肯定句會植入療癒性的想法與概念，支持你發展出自信和自尊，並創造平靜的心智與內在喜悅。

而最強大的肯定句，正是那些你站在鏡子前面大聲說出來的話。鏡子能反映出你對自己的感覺，會讓你立刻察覺你在抗拒什麼，以及你對哪些事物抱持開放且隨興的態度。若想擁有快樂而充實的人生，鏡子可以清楚呈現哪些是你需要改變的想法。

鏡子練習——也就是深深凝視自己的雙眼，然後不斷對自己重複肯定的話語——是我覺得最有效的方法，一旦學會鏡子練習，你會更容易察覺到自己所說的話、所做的事。你將學會在比過去更深的層次照顧自己。生活中有好事發生時，你可以走到鏡子前面說：「謝謝你，謝謝你。這實在太棒了！謝謝你做了這件事。」若發生了壞事，你也可以走到鏡子前面說：「沒事的，我愛你。剛剛發生的這件事會過去的，但我愛你，永遠愛你。」

對大部分人來說，一開始要坐在鏡子前，然後面對自己，是很困難的事。然而，只要持續不懈，你會變得越來越少自我批判，而這樣的練習就會變成是種「玩樂」。很快地，鏡子會成爲你的夥伴，是親密的友人，而非敵人。

鏡子練習是你可以給自己的一份最有愛的禮物，而且只要花一秒鐘說「嗨，小朋友」或「看起來不賴喔」或「這不是很好玩嗎？」就可以了。一整天都要給自己一些小小的正面訊息，這非常重要。越是利用鏡子在困難的時刻讚美自己、認可自己、支持自己，你和自己的關係就會變得越深刻、越愉快。

歡迎加入本書二十一天鏡子練習課程。在接下來的三週裡，你會學到如何單憑看著鏡中的自己，就改變生命。

你可能會懷疑，爲什麼這門課只需要二十一天？你眞的可以在三週內完全改變自己的人生嗎？也許無法很徹底，但你可以播下種子。當你持續進行鏡子練習，這些種子就會慢慢發芽，變成嶄新、健康的心智習慣，爲你打開通往快樂而充實人生的那道門。

那麼，我們開始吧！

PART 1
學會愛自己

第 1 天　愛自己
第 2 天　讓鏡子成為你的朋友
第 3 天　監控自我對話
第 4 天　放下過去
第 5 天　建立自尊
第 6 天　釋放內在的批判者
第 7 天　愛自己：回顧第一週

§第1天§

愛自己

愛自己無比重要。

鏡子練習可以幫助你建立生命中最重要的一段關係：你與自己的關係。

開始進行鏡子練習時，你可能會覺得這實在太簡單，甚至太蠢了。接下來的二十一天裡我建議你做的許多事，一開始看起來都簡單到不可能造成任何變化，但從我的經驗來看，最簡單的行動往往最重要。**想法上的一個小改變，可以爲人生帶來巨大的變化**。

每一天，我們會處理一個不同的主題。我會先說說自己對這個主題的一些想法，然後給你一項我希望你在這一天進行的鏡子練習。你可以一大早起床後就在浴室的鏡子前面做這項練習，然後一整天只要經過任何一面鏡子，或是在玻璃窗看見自己的倒影，都可以再做一次。你也可以隨身攜帶小鏡子，只要有短短幾分鐘的空閒時間，就做鏡子練習。

我強烈建議你把你的鏡子練習記錄下來，寫下想法與感覺，好看見自己的進展。我每天都會讓你練習記錄，並建議你可以提出哪些問題，幫助你開始踏出這一步。我相信每個人內在都有一股力量，一個與宇宙力量連結，愛我們、支持我們、爲我們帶來各種豐盛美好的「高我」。做紀錄幫助你連結這股力量，你會看見成長與改變所需的一切，都在你之內。

此外，我也會每天提供你一則心靈訊息來支援你做鏡子練習，以及一個肯定句來幫助你將當天的主題付諸行動。最後，我會提供一個引導式靜心。建議你睡前安靜地坐著，好好思考這些概念會如何讓你的人生變得輕鬆一點，同時美好許多。

✦ 第 1 天的鏡子練習

1. 站或坐在浴室的鏡子前。
2. 凝視你的雙眼。

3.深呼吸，然後說出下面這個肯定句：「我想要喜歡你。我想要真正學會愛你。我們來試試看，並且一起發掘其中的樂趣吧。」

4.再做一次深呼吸，然後說：「我正在學習真正喜歡你，我正在學習真正愛你。」

5.這是第一個練習，我知道做起來會有點挑戰性，但請不要放棄。持續深呼吸，看進自己的雙眼，並在話裡加入你的名字：「我願意學習愛你，〔名字〕。我願意學習愛你。」

6.在這一整天裡，每次經過鏡子或看見自己的倒影，請重複這些肯定句，就算必須無聲地說也沒關係。

剛開始做鏡子練習時，你可能會覺得重複念誦肯定句很蠢，甚至生氣或想哭。這都沒有關係——事實上，這很正常，而且不是只有你才有這種感覺。記住，我在這裡陪你。我也經歷過這些，而明天，又是新的一天。

✦第1天的記錄練習

1.做完早晨的鏡子練習後，寫下你的感覺和觀察到的事。你是否覺得憤怒、心煩意亂，或是這樣做很蠢？

2.做完早晨的鏡子練習六小時後，再次寫下你的感覺和觀察到的事。隨著你持續或正式或非正式地進行鏡子練習，你是不是開始相信你對自己說的那些話了？

3.記錄這一天裡你在行爲或看法上的任何變化。鏡子練習有沒有變得容易一些了？或者，重複做了幾次之後，你依然覺得很困難？

4.這一天即將結束、上床睡覺前，寫下你從鏡子練習學到什麼。

✦第1天的心靈訊息：「我敞開來，樂於接受。」

做鏡子練習是爲了在生命中創造美好的事物，但如果有一部分的我們並不認爲自己值得，那我們就不會相信自己對著鏡子說的那些話。這麼一來，我們終究會開始想，鏡子練習根本沒用。

實際上，「鏡子練習沒用」這個看法，與鏡子練習本身或我們說的那些肯定句沒有任何關係。問題在於我們不相信自己值得擁有生命提供的種種美好事物。

如果這是你的信念，請說這個肯定句：「我敞開來，樂於接受。」

✦第1天的靜心：愛自己

每個人都有能力更愛自己。每個人都值得被愛。我們值得活得好、活得健康，值得被愛並且去愛人，也值得成功。而每個人內在那個小孩，值得長大成為一個很棒的大人。

所以，請想像自己被愛包圍。想像自己很快樂、很健康、完整無缺。想像你的人生是你想要的模樣，填滿所有細節，並且知道你值得擁有這一切。

然後，從你的心拿出愛，讓它開始流動，填滿你的身體，接著開始向外溢流。觀想你愛的人坐在你的兩側。讓愛流向坐在你左邊的那些人，並向他們傳送撫慰的念頭，用愛和支持環繞他們，願他們一切安好。然後，讓發自你內心的愛流向坐在你右邊的那些人，以療癒的能量、愛、平靜和光環繞他們。讓你的愛在整個房間流動，直到你坐在一個用愛圍成的巨大圓圈裡。當愛從你心裡發出去，然後加倍回到你身上時，感受愛的循環。

愛是最強大的療癒力量。你可以把這份愛散發到全世界，並靜靜地與你遇見的每個人分享。愛自己，愛彼此，愛這個地球，明白我們是一體的。事實就是如此。

§第2天§

讓鏡子成爲你的朋友

今天開始進行基本的鏡子練習，學著更仔細地看自己，並超越舊信念。

今天不過是鏡子練習的第二天，你剛開始學習喜歡自己、愛自己。撐下去。你練習這個看待自己與生命的新方法的每一天，都有助於消除你長久以來帶著的那些舊有的負面訊息。很快地，你會更常微笑，並發現看著鏡子這件事變得越來越容易。沒多久，你就會開始感覺那些肯定句是眞的。

現在，拿出隨身攜帶的小鏡子，或是走到浴室的鏡子前。放輕鬆地呼吸就好。看著鏡中的自己，然後，把你的名字放進這句話裡：「〔名字〕，我愛你，我真的、真的愛你。」

多說兩次：「我愛你，我真的、真的愛你。我愛你，我真的、真的愛你。」

感覺如何？你可以誠實地說你覺得這樣做很奇怪或很傻，因爲剛開始的確給人這種感覺。或者，你也許覺得很難這樣做。有這種感覺沒關係，因爲無條件地愛自己是你之前從沒做過的事。讓自己去感受這些感覺，無論你的感覺是什麼，都是個開始，一個非常好的開始。

我知道告訴自己「我愛你」，對許多人來說很難，但我也知道你一定可以做到，且爲你的堅持不懈感到驕傲。我保證，鏡子練習會越來越容易。

不過，如果你發現說「我愛你」還是太難，可以從簡單一點的開始。也許你可以試著說：「我願意學著喜歡你。我正在學習愛你。」

看著鏡中的自己時，我希望你想像自己正在和一個幼稚園小孩說話。把自己想像成那個幼稚園生。現在，把你的名字放進下面這句話裡，告訴這個內在小孩：「〈名字〉，我愛你，我真的、真的愛你。」

鏡子練習做越多，會變得越簡單。但請記住，這會花點時間。這就是爲什麼我希望你養成時時做鏡子練習的習慣。一早起床就先做，然後隨身攜帶一面小鏡子，這樣你就可以經常把它拿出來，對著鏡中的自己說一句充滿愛的肯定話語。

請說這個肯定句：「我很美，我很棒，我很容易讓人愛上我。」

✦第2天的鏡子練習

1. 站在浴室的鏡子前。
2. 凝視你的雙眼。
3. 將你的名字放進這個肯定句裡：「〔名字〕，我愛你，我真的、真的愛你。」
4. 花幾分鐘再說個兩、三次：「我真的、真的愛你，〔名字〕。」
5. 持續重複這個肯定句。我希望你可以每天至少說一百次。是的，你沒看錯，一天一百次。我知道這看起來很多，但老實說，一旦進入狀況，一天說一百次很容易。
6. 所以，每次經過鏡子或看見自己的倒影，重複這個肯定句就對了：「〔名字〕，我愛你，我真的、真的愛你。」

當你發現很難對自己說「我愛你」，很有可能是因爲你正在評斷自己、正在重複那些舊有的負面訊息。但是，不要因爲你正在評斷自己這件事而評斷自己，這麼做只會讓自己更不開心。放輕鬆，再努力多跟自己說肯定句就好了。記住：你努力說的肯定句是眞實的。事實上，當我們不評斷自己時，我們是**眞的**愛自己。

做鏡子練習時，最好準備一些面紙，因爲這項練習可能會觸動記憶，而且往往會喚起某些深層的情緒。事實上，我們可能一直都沒有善待自己，所以再次開始愛自己時，會察覺長久以來抱持的那種刻薄的態度，而這會引發某種程度的悲傷。不過，那股悲傷正在被釋放。所以，讓自己去體驗感受到的一切，並接受那些感覺，不要評斷它們。鏡子練習要做的就是愛自己、接納自己。

我一直鼓勵你**每天早上起床後就先做鏡子練習**。有時，這會是一天之中最難做鏡子練習的時刻，因爲我們覺得自己在早上的模樣不太好看。然而，這也是種評斷，而我們在鏡子練習裡要做的就是不帶任何評斷地看著鏡子，如此才能看見眞正的自己。

✦第2天的記錄練習

人生很簡單，付出什麼，就得到什麼。在日誌裡寫下你對以下這些問題的答案：

1. 有什麼是你想要卻沒得到的？
2. 在成長過程中，你要遵循什麼規則才「有資格獲得」？你是否一直都得努力贏取「獲得的資格」？你是否曾經因爲做錯什麼而失去某樣事物？
3. 你覺得自己值得活著嗎？你覺得自己值得擁有喜悅嗎？如果不，爲什麼？

回答這些問題時，請注意你感受到的情緒，並把它們寫在日誌裡。

✦第2天的心靈訊息：「我值得。」

有時，我們根本不想努力爲自己創造美好人生，因爲我們相信自己不值得。這種「我不值得」的信念可能來自幼兒時期的經驗。我們也許會相信別人那些與我們自身實相完全無關的觀念或意見。

值不值得和好不好一點關係也沒有，造成阻礙的是我們不願意接受生命中的美好。允許自己接受一切美好的事物，無論你認爲自己值不值得。

✦第2天的靜心：愛的圓圈

想像自己站在一個非常安全的地方，釋放負擔、痛苦與恐懼，釋放那些舊有的負面模式與沉溺，想像它們從你身上掉落。接著，想像自己站在那個安全的地方，張開雙臂說：「我敞開來，樂於接受。」願意宣告你想要什麼，而非你不要什麼。想像自己完整無缺、健康、平靜，想像自己充滿了愛。

在這個地方感受你與世上其他人之間的連結，讓內在的愛從你的心流向其他人的心。當你的愛向外傳送時，要知道，它會加倍回到你身上。傳送撫慰的念頭給每一個人，並了解到，這些撫慰的念頭最終會回到你身上。

在這個星球上，我們可以身處仇恨的圓圈中，也可以置身愛與療癒的圓圈裡。我選擇愛的圓圈。我知道我們想要的東西是一樣的：平靜與安全，以及用讓人充分發揮才能的方式有創意地表達自己。

想像這個世界變成一個不可思議的愛的圓圈。事實就是如此。

§第3天§

監控自我對話

今天你會進一步學到如何改變你給自己的訊息、清除過去的負面想法，好讓自己可以活在當下。

現在來到鏡子練習的第三天，你有沒有覺得和你的鏡子朋友更親近一些了？做鏡子練習的每一天，你可能都會多愛自己一點點；你會一天比一天更容易說出正面肯定句，並真正相信它們。

愛自己最好的方法，就是**釋放來自過去的所有負面訊息，並活在當下**。所以，今天我希望和你一起努力改變你的「自我對話」——你在腦袋裡對自己說的話。

我們小時候太常接受父母、老師或其他權威人士傳遞的訊息。你可能被告誡過：「不要像個小嬰兒一樣哭個不停。」「你從來不打掃自己的房間。」「你爲什麼不摺被子？」然後，你就去做別人要你做的事，因爲你想要被愛。你小時候也許認爲，只有去做某些事，大家才會接納你。然而，請記住：他人的認可完全基於**他們**認爲什麼事情有價值，跟你的自我價值一點關係也沒有。

這些早期接收的訊息影響了我們的自我對話。我們在心裡對自己說話的方式眞的非常重要，因爲它會成爲實際說出口的話的基礎。它建立了我們的心理氛圍，而這個氛圍會將發生在我們身上的經歷吸引過來。若看輕自己，生命對我們來說就沒有太多意義；然而，如果愛自己、欣賞自己，生命就會是一份美好且令人喜悅的禮物。

如果你的人生很不快樂，或者你覺得不滿足，你很容易就會怪罪父母——或是那些無所不在的**其他人**——你會說，一切都是**他們的**錯。但是，如果這麼做，你就會困在你的狀況、問題和挫折之中，動彈不得。責怪的話語不會讓你自由。

你說的話有極大的力量，所以，請開始仔細聆聽自己說了些什麼。假如聽到自己用了負面或限制性的字眼，可以改變它們。我如果聽到一件負面的事，不會到處再去說給其他人聽。我認爲它傳得夠遠了，所以不想推波助瀾。但是，如果聽到的是正面的事，我會去跟每個人說！

和其他人在一起時，認眞傾聽他們說了些什麼、怎麼說的，看看你能否從他們說的話聯想到他們在生活中經歷的事。有太多太多人過著一種「應該如此」的生活。我的耳朵對「應該」這個詞非常敏感，每次聽到，彷彿就有個警鈴驟然響起。我聽過有人在短短一段話裡就說了這個詞十多次，就是這些人會懷疑自己的人生爲何如此多舛，或者他們爲什麼總是泥淖深陷。他們想要控制許多自己無法掌控的事，不是忙著批評別人，就是忙著怪罪自己。

你可以對著鏡子練習正面的自我對話，只對自己做正面評價，只重複正面的肯定句。如果童年時期的負面自我對話冒了出來，你可以把它轉爲正面說法。例如，「你什麼事都做不好」可以變成「我是個有能力的人，我可以處理發生在我身上的任何事」。傾聽自己與他人說的話，你會越來越能意識到自己說了什麼，以及自己是如何、爲何說這些話。這樣的覺察會幫助你將自我對話轉變成可以滋養並療癒你身心的肯定句。這眞是愛自己很棒的方法啊！

請說這個肯定句：「我釋放了來自過去的所有負面訊息，我活在當下。」

✦第3天的鏡子練習

1.站或坐在浴室的鏡子前。

2.凝視你的雙眼。

3.說出這個肯定句：「無論我要對自己說什麼，話裡一定充滿了愛。」

4.持續重複這句話：「無論我要對鏡子裡的自己說什麼，話裡一定充滿了愛。」

5.有沒有哪句話是你小時候聽到，但現在還會出現在你腦海中的？也許是「你很笨」或「你不夠好」，或是其他任何浮現在你腦中的話。花點時間處理這些負面宣言，轉換成正面的肯定句：「我很聰明。我比自己以為的更有才智。我是個擁有豐富創意的天才。我是個優秀的人。我很討人喜歡。我值得被愛。」

6.從這些新的正面肯定句中挑選一、兩句，不斷地說，直到你可以自在地說出口為止。

7.在這一整天裡，每次經過鏡子或看見自己的倒影，都請停下來重複這些充滿愛的肯定句。

✦第３天的記錄練習

1.你今天有沒有重複訴說某件負面的事？寫下你一共說了多少次，以及跟多少人說過。現在，寫下一件你明天可以告訴這些人，幫助他們對自己和身邊的人有更好感覺的正面的事。

2.寫下「我應該」這三個字，然後在旁邊列出可以取代它的詞。也許就從「我可以」開始。

3.把你今天學到的幾個新的正面肯定句貼在鏡子上，這樣你每次看到這些話就可以隨時練習。

✦第３天的心靈訊息：「我永遠都有選擇。」

大部分人對自己都有些很傻氣的想法，對生活應該怎麼過也有許多死板的規則。將「應該」這個詞從我們的詞彙中永遠剔除吧。「應該」這個詞讓我們成爲自己的囚徒，**每次使用「應**

該」，我們都在批評自己或他人；我們其實是在說：「你不夠好。」

現在你可以從「應該」清單中剔除哪些事物?將「應該」替換成「可以」，「可以」這個詞讓你知道自己有選擇，而選擇就是種自由。我們必須意識到，我們在人生中做的每一件事，都是自己的選擇。其實沒有什麼事情是**必須**去做的，我們永遠都有選擇。

✦第 3 天的靜心：你值得愛

想像自己被愛包圍。想像自己很快樂、很健康、完整無缺。想像你的人生是你想要的模樣，填滿所有細節，並且知道你值得擁有這一切。接著，從你的心拿出愛，讓它開始流動，使身體充滿療癒能量。讓你的愛繞著整個房間，然後繞著你的家流動，直到你身處一個用愛圍成的巨大圓圈裡。感受愛的循環，感受它從你身上發出去，然後又回到你身上。

愛是世間最強大的療癒力量，讓它徹底清洗你的身體。**你就是愛**，事實便是如此。

§第4天§

放下過去

今天，你開始放下，
釋放所有責怪，然後原諒，繼續向前走。

你昨天過得好嗎？你是否覺得你正學著放下某些過去的傷痛，將自我對話調到比較正面的頻道？我為你的表現感到驕傲，因為你夠愛自己，才能每天做這些功課，並利用鏡子練習重新調整你一直在腦海中播放的舊聲音。

從小時候開始，我們接收的每個訊息、說的每句話、做的每件事、擁有的每個經歷，都被記錄下來並儲存在我們的核心、我們的本質、我們太陽神經叢的檔案櫃中。我喜歡想像那裡有一些小小的信差，我們所有的想法和經歷都被記錄在磁帶裡，然後小信差會把它們收進適當的檔案夾中。

許多人一直在累積貼上「我不夠好」「我永遠做不到」「我什麼事都做不好」之類標籤的檔案夾，我們被一疊一疊老舊的負面磁帶活埋了。

今天，我們要讓那些小信差嚇一跳。我們要做鏡子練習，並傳送新的訊息到自己的核心：「我願意放下。我釋放所有責怪。我已經準備好要原諒了。」信差會拿起這些新訊息說：「這是什麼？這要怎麼歸檔？我們之前從來沒見過這個。」

如果你每天都學會一個新方法來放下過去，並在生活中創造和諧，你能想像會有多棒嗎？親愛的，每天做鏡子練習時，你就已經開始這麼做了。每一天，你都在清理過去堆積的一層層障礙。每次在鏡子前面說一個肯定句，你就多移除了一層。在你那一層層的過去之中，究竟是什麼讓你無法擁有快樂而充實的人生？是哪些障礙讓你無法原諒自己、無法原諒你的過去？

我想，我們很難找出這些障礙，因爲我們眞的不知道自己想要放下什麼。我們知道自己的人生有哪些地方不對勁，也明白自己想要擁有什麼，卻不知道是什麼在阻礙我們。

你生命中的每一件事都是一面照出你是誰的鏡子。**就像鏡子反映出你的模樣，你的經歷也**

反映出你的內在信念。你眞的可以從自身經歷中看出你相信些什麼。如果去觀察那些出現在你生命中的人，你會發現他們都反映出你對自己的某種信念。假如你在工作上總是遭人批評，很可能是因爲你就是個愛批判的人，而且也變成了小時候經常批評你的那種父母。

請記住，生活中發生了某件讓你覺得不舒服的事情時，你就有機會往內看，詢問：「我是如何造成這件事發生的？我內在的什麼相信我應該擁有這樣的經歷？我要怎麼改變這個信念？我要如何原諒自己、原諒過去，學會放下，然後繼續前行？」

請說這個肯定句：「我放下舊有的限制和信念。我放下，而且很平靜。」

✦第 4 天的鏡子練習

1. 站在浴室的鏡子前。
2. 深呼吸，然後在吐氣時讓所有緊繃離開你的身體。
3. 看著前額，想像你按下一個按鈕後彈出一張 CD，那張 CD 裡裝滿一直在你腦海中播放的所有舊信念和負面想法。把手往上伸，想像你將那張圓盤從頭部拔出來，然後把它給丟了。

4.現在，深深凝視你的雙眼，告訴自己，我們來製作一張裝滿正面信念和肯定句的新CD。

5.大聲說出這些肯定句：「我願意放下。我釋放。我放下。我釋放所有緊繃。我釋放所有恐懼。我釋放所有憤怒。我釋放所有罪惡感。我釋放所有悲傷。我放下舊有的限制和信念。我放下，而且很平靜。我與自己和睦共處。我與生命的過程和睦共處。我很安全。」

6.複述這些肯定句兩、三次。

8.在這一整天裡，每當有刻薄的想法浮現時，就拿出隨身鏡，複述這些肯定句。盡量熟悉這些話，讓它們成爲你每天的例行公事。

✦第4天的記錄練習

1.我發現生活中大部分的問題都來自四大源頭：批評、恐懼、罪惡感和怨恨。在日誌中畫出四個欄位，然後分別以四大源頭爲每一欄的標題。想想它們在你人生中扮演了什麼角色，在對應的欄位寫下你對每個源頭的想法和感覺。

2.完成步驟一之後，挑出兩個你寫最多的欄位，然後在這兩欄中分別寫下十個正面肯定句。舉例來說，如果其中一個是「怨恨」，你也許可以寫下這樣的肯定句：「我現在選擇釋放所有傷痛和怨恨。我釋放的怨恨越多，我就有越多愛可以付出。」

3.生命中的每一件事都是一面照出我們是誰的鏡子。想想那些在生活中最考驗你的人，他們最讓你討厭的特徵是什麼？把那些特徵寫下來。

4.看看你在步驟三列出的特徵，寫下每個特徵反映出你對自己的哪個信念。你可能也想要把你在今天的練習中學到的關於自己的事寫下來。

✦第4天的心靈訊息：「我可以放下。」

我們創造出習慣和模式，因爲它們在某方面對我們有用。令人驚訝的是，我們也創造出許多病痛，只爲了懲罰父母。我們也許不是有意識地這樣做——事實上，絕大部分這類情況都是無意識的。然而，開始往內看時，我們發現了模式。我們經常因爲不知道如何處理生命中的某個領域，而創造出負面事物。如果是這樣，你要自問：「讓我覺得難過的是什麼？我在對誰生氣？我試圖逃避什麼？我怎麼會認為這樣做可以拯救我？」

如果你還沒準備好放下某件事——你眞的想要牢牢抓住它，因爲它對你有用——那麼不管你做什麼都無法將它放下。然而，當你準備好放下某件事情時，將它釋放會出乎你意料地簡單。

✦第4天的靜心：嶄新的年代

想像一道新的門開啓了，通往一個美好的療癒年代——那是我們過去不了解的療癒。我們正在學習的過程中，學習自己內在擁有的那些了不起的能力。我們也在學習連繫自己那些擁有答案的部分，那些部分準備好要以對我們最有益的方式帶領我們、引導我們。

想像這道新的門敞開來，想像自己踏入門內，發現許許多多不同形式的療癒，因爲療癒對不同的人來說是不同的事。有些人需要的是身體上的療癒，有些人要療癒自己的心，還有些人需要的則是心智方面的療癒。所以，我們敞開來接受每個人需要的療癒。我們為個人的成長敞開這道門，而在通過這道門時，我們很清楚自己是安全的，事實就是如此。

§第5天§

建立自尊

今天你要進一步學習帶著尊重與感謝來愛自己，並了解你的身體、心智與靈魂，都是值得感恩的奇蹟。

今天早上起床時你感覺如何？看著鏡子說「我愛你，親愛的，我真的愛你」時，是否帶著微笑？你是不是開始相信這句話了？才做了幾天的鏡子練習，你也許發現它已經開始讓你的人生有所不同。你今天可能笑得多一些，望向鏡子看著自己美麗的臉龐時，你的感覺可能好多了。你可能更喜歡自己了。你是不是開始愛上並認可你在鏡中見到的那個人了？

愛是偉大的奇蹟藥方，愛自己會讓生命出現奇蹟。我發現，**無論遭遇什麼問題，最好的解決方法就是開始愛自己。**

愛自己意味著極爲尊重自己內在與外在的一切，那是對你身體、心智與靈魂的奇蹟非常深摯的感謝之意。愛自己就是感恩，那種感恩之情多到充滿你的心，直到滿出來，帶著感謝你是你的喜悅往外溢流。

除非自我認可、自我接納，否則你不可能眞正愛自己。你是不是沒完沒了地責罵和批評自己？你是不是認爲自己不討人喜歡？你是不是活在混亂與失序之中？你是不是會吸引那些輕視你的情人和伴侶？你是不是沒有好好照顧自己的身體，總是吃些不健康的食物、想些讓自己壓力沉重的事？

如果你否認自己任何一方面的好，那就是種不愛自己的行爲。我記得我教過一位戴隱形眼鏡的女士，做鏡子練習時，她開始釋放一份童年時期的恐懼。幾天後，她抱怨隱形眼鏡讓她很不舒服，已經到了她根本戴不住的程度。取下隱形眼鏡後，她向四周張望，發現自己的視力幾乎完全清晰。儘管如此，那一整天她還是不停地說：「我不敢相信，我眞不敢相信。」這就是她的肯定句。隔天，她又戴回隱形眼鏡了。她不允許自己相信她創造出完美的視力，而她的不相信被確認、被「批准」了。宇宙給她的，正是她要求的東西。我們的思想就是如此強大。

想想看，當你還是個小嬰兒時有多完美呀！嬰兒什麼都不用做就很完美；他們已經是完美的，而他們也表現得彷彿很清楚這一點。他們知道自己是宇宙的中心，不害怕去要求自己想要的任何事物。他們自由地表達情緒，你知道嬰兒什麼時候是在生氣——事實上，你的左鄰右舍都知道。你也知道嬰兒什麼時候很開心——他們的笑能讓一室燦然。他們充滿了愛。

沒有得到愛，嬰兒就會死。一旦長大，我們就學會在沒有愛的情況下過活——或試著這樣做——但嬰兒無法忍受這種狀況。嬰兒愛自己身體的每一個部分。

你曾經也像那樣。我們所有人曾經都像那樣。然後，我們開始聽從身邊那些學會恐懼的大人說的話，開始否認自身的偉大之處。

今天，撇開所有批評和負面的自我對話吧。放下舊有的心態——那個苛責你且抗拒改變的心態。釋放其他人對你的看法。

請說這個肯定句：「我夠好。我值得被愛。」

✦第5天的鏡子練習

1.站在浴室的鏡子前。

2.凝視你的雙眼。

3.說這個肯定句：「我愛自己，也認可自己。」

4.不斷重複這句話：「我愛自己，也認可自己。」

5.一天至少複述這個肯定句一百次。沒錯，一百次，讓「我愛自己，也認可自己」成爲你的眞言。

6.每次經過鏡子或看見自己的倒影，就重複這個肯定句。

這些年來，我教過許多人做這個練習。持續去做，結果出奇地好。請記住：光想是行不通的，只有實際執行，鏡子練習才能發揮效果。如果去做，眞的會有所不同。

若浮現任何負面想法——例如「我這麼胖，是要怎麼認可自己」「以爲我可以這樣想實在太蠢了」「我一無是處」——不要抗拒、不要抵抗、不要評斷，就讓它們存在，然後專注於你眞正想體驗的事情，也就是去愛、去認可自己。你可以溫柔地放開其他那些跑進來擾亂你的想法，聚焦於「我愛自己，也認可自己」這句話。

我們在鏡子練習裡要做的，就是試著回到自己眞正是誰這個核心。我們想要在不評斷自己時體驗眞實的自己。

✦第 5 天的記錄練習

1.寫下你是透過哪些方式不愛自己或表現出你缺乏自我價値感。你會批評自己的身體嗎？你會說一些貶低自己的話嗎？

2.寫下你認爲其他人對你的負面評價。針對每則負面評價寫下一個肯定句，將它轉變成正面說法。例如，你可以把「我母親覺得我很胖」變成「我現在的樣子就很美」。

3.列出你愛自己的所有理由，再列出其他人喜歡和你相處的原因。

4. 把這兩張充滿愛的清單貼在你每天都能看見它們的地方。

✦第5天的心靈訊息：「我喜歡做我自己。」

如果可以在不受任何人批評的情況下過生活，你能想像那會有多美好嗎？可以完全安心、自在，不是很棒嗎？早上起床時你就知道自己會有美好的一天，因爲每個人都會愛你，不會有人看輕你。你會覺得實在太棒了。

你知道嗎？你可以給自己這樣的生活。你可以把**跟自己共處**變成你想像得到最美好的體驗，你可以一早起床就感受到又能跟自己度過另一天的喜悅。

✦第5天的靜心：建立自尊的肯定句

我的能力足以面對所有狀況。

我選擇覺得自己很棒。

我值得擁有自己的愛。

我獨立自主。

我接受並使用自己的力量。

為自己說話很安全。

我以現在這樣的我在此時此地被愛、被接納。

我擁有高自尊，因為我尊敬真實的自己。

我的人生一天天變得更美好。我期待每個下一刻帶來的一切。

我不少什麼也不多什麼，不需要向任何人證明我自己。

生命以每一種可能的方式支持我。

我的意識裡都是充滿愛、正面與健康的想法，而這一切都會反映在我的經歷中。

我可以給自己最棒的禮物就是無條件的愛。我愛現在這樣的我，我不再等自己變得完美之後才去愛自己。

§第6天§

釋放內在的批判者

今天你要學習打破評斷和自我批判的習慣，並超越看輕自己的需求。

今天看著鏡子時，花幾分鐘恭喜自己！你正開始愛自己、認可自己——或者至少願意這麼做了。無論你在這個過程中的哪一階段，都爲自己目前爲止的進展慶賀一番。我爲你和你對鏡子練習的投入喝采。

鏡子練習做越多，你越能察覺自我對話。如果我要你播放你今天的內在對話錄音帶，聽起來會是什麼樣的內容？你是否會聽見這樣的負面肯定句：「我很笨。」「我眞是個大蠢蛋。」「根本沒人問過我是怎麼想的，爲什麼有這麼多不懂得替別人著想的人？」你的內在聲音是不是一直在挑剔每一件事？你是否帶著批判的眼光看世界？你會評斷每樣事物嗎？你會不會自以爲是？

許多人都有根深柢固的批判習慣，沒那麼容易打破。我以前也是從早到晚抱怨個不停，充滿自憐的情緒。我喜歡在爛泥中打滾，不明白自己正在助長讓我可以自憐的情境。那時的我不知道自己在做什麼。

所以，鏡子練習非常重要，因爲它能讓你**敏銳察覺評斷之詞與負面自我對話，然後盡快釋放你內在的批判者**。除非超越看輕自己、怪罪人生的需求，否則你沒辦法愛自己。

還是個小嬰兒時，你對生命的態度是如此開放。你帶著好奇的眼光看世界，除非發生可怕的事或有人傷害你，你如實地接受生命的樣貌。後來，你長大了，開始接受其他人的意見，並把那些意見當作自己的想法。你學會了如何批評。

最後幫助了我的，是我開始聆聽自己說的話。我察覺自己內在有個批判者，於是努力停止自我批判。我開始對著鏡子說正面肯定句，雖然不是很明白那些話到底是什麼意思。我只是不斷地說，一次又一次。先從簡單的開始：「我愛自己。我認可自己。」然後晉級到：「我的意見很寶貴。我放開批評自己的需求。我放開批評他人的需求。」

一段時間之後，我注意到正面的變化開始出現。當你努力釋放內在的批判者，一樣會發現這樣的改變。我相信批評會讓精神枯萎，它強化了「我不夠好」的信念，當然不可能帶出我們最好的那一面。但是，當你釋放內在的批判者，你就能接觸你的「高我」。

所以，來檢查一下：你是否正學著在腦海中播放正面的肯定句？你有沒有把注意力放在自己的思想上，將負面想法替換成正面肯定句？

藉由鏡子練習，你越來越能察覺內在的聲音，以及你對自己說的話，然後你就可以放開那份時時刻刻都要挑剔自己的需求。而當你這麼做時，你會發現你對他人的批評也變少了。

當你覺得可以做自己時，自然就會讓其他人也做自己。他們小小的習慣不再讓你那麼心煩，你放掉了把他人變成你要的模樣的需求。然後，當你停止評斷他人，他們也會放開評斷你的需求。每個人都獲得自由。

我們的感覺是正在活動中的想法，不須因爲它們而有罪惡感或羞愧。那些感覺是有作用的，而當你從心智與身體中釋放負面想法，你就能騰出內在空間，讓其他更正面的感覺和體驗進來。

請說這個肯定句：「我現在釋放內在批判者，走進愛裡，是安全的。」

✦第6天的鏡子練習

1.找一個安靜、有鏡子、讓你覺得安全且不受打擾的地方。

2.看著鏡子，凝視你的雙眼。如果還是不太習慣這麼做，就把注意力放在嘴巴或鼻子上。跟你的內在小孩說話。你的內在小孩想要成長、茁壯，而且需要愛、接納和讚美。

3.現在，說出這些肯定句：「我愛你。我愛你，而且知道你已經盡力做到最好。你現在就已經很完美了。我認可你。」

4.在眞正感覺內在聲音比較沒那麼有批判性之前，你也許想要多做幾次這個練習。

✦第6天的記錄練習

1. 列出你批評自己的五件事。
2. 在清單上的每個項目旁寫下你是從哪一天開始批評自己這件事的。如果不記得確切日期，寫出大概的時間就好。
3. 你是否很驚訝你已經挑剔自己這麼長的時間了？這個自我批判的習慣並未帶來任何正面改變，不是嗎？批評沒有用！它只會讓你心情不好。所以，別再這麼做了。
4. 將清單上的五項批評一一改成正面的肯定句吧。
5. 隨身帶著這張清單。當你注意到自己又想要評斷時，拿出這張肯定句清單來念幾次，最好是在鏡子前面大聲念出來。

✦第6天的心靈訊息：「我如實地愛並接納自己。」

我們都有些自認爲無法被接受、無法被喜歡的部分。如果眞的對某些部分的自己很生氣，通常我們就會開始自虐。我們濫用酒精、藥物或香菸，我們大吃大喝，我們在情緒上痛扁自己。而我們做的最糟糕的一件事——比其他任何事物更具傷害性的事——就是批判自己。我們必須停止所有批評。一旦養成不批判自己的習慣，很神奇的是，我們就會停止批評他人。我們了解到，**每一個人都是我們的映像，我們在他人身上看見的，也會在自己身上看到**。

抱怨某人時，其實是在抱怨自己。當我們可以眞正愛自己、接納自己，就沒有可以抱怨的東西了。我們無法傷害自己，也無法傷害別人。讓我們發誓不再爲任何事批判自己。

✦第 6 天的靜心：我們可以自由地做自己

爲了讓自己完整，我們必須接納自己的一切。所以，打開心，清出足夠的空間來放置各個部分的你：你自豪的部分、你覺得丟臉的部分、你排斥的部分，還有你愛的部分。它們都是你。你很美，我們所有人都很美。當你的心充滿對自己的愛，你就會擁有許多可以與他人分享的愛。

現在，讓這份愛充滿你的房間，並向外發散給所有你認識的人。觀想你在乎的人就在房間的正中央，這樣他們就能接收從你的心溢流出來的愛。

現在，想像這些人的內在小孩如同孩子般起舞，蹦蹦跳跳、高聲喊叫、大翻筋斗，全身充滿生氣勃勃的喜悅，展現出內在小孩最好的一面。然後，讓你的內在小孩也加入，跟其他孩子一起玩。讓你的孩子跳舞，讓你的孩子覺得安全和自由，讓你的孩子成爲他想要成爲的人。

你很完美、完整、圓滿，在你的美好世界裡，一切安好。事實就是如此。

§第7天§

愛自己：回顧第一週

今天你要看看自己進步了多少，以及在掙脫舊信念、發現未來可能性的目標上有了多少成就。

親愛的，恭喜你！你第一週的鏡子練習已經圓滿完成了。你沒有放棄，並且在過去七天裡不斷地做鏡子練習，讓我非常驕傲。

鏡子練習需要時間，我很高興你給自己二十一天來學習。越是練習，它就變得越容易。如果你現在看著鏡子還是覺得有點蠢或不太自在，也沒關係。對自己說「我愛你，我真的愛你」，一開始對大部分人而言都很難，你可能要花上好幾週，甚至一個月的時間，才有辦法完全自在地對自己說出這些充滿愛的話。然而，一旦可以更輕鬆地說出口，你就會在生活中看見正面的改變。

過去七天裡，鏡子已經成爲你的朋友及隨時陪在身邊的夥伴。你明白它能讓你更敏銳地察覺自己說的話、做的事。你花了時間聆聽自我對話，並練習說正面的肯定句。

我要再次強調，鏡子練習是一種眞正的愛的行動，是你能給自己最有愛的禮物。你一天天地做鏡子練習，就會一天天地多愛自己一點。愛自己最好的方法，就是放掉來自過去的所有垃圾——自我評斷、讓你停滯不前的老故事——好讓你可以活在當下。我們都習慣相信從小聽到大的負面說法，當你可以將那些負面肯定句轉變成正面宣言，並且看著鏡子練習說出來時，你就能放下一些過去的傷痛，邁步向前。

做鏡子練習的每一天，你都在清理層層累積出來的過去。每次對著鏡子說出一個肯定句，你就從層層的過去中多移除了一塊磚。這一層一層的過去是花了許多年累積而成的，由一塊塊磚頭築成一道高牆。突破這道牆需要時間，但你可以從一塊磚頭開始。每移除一塊或一層磚，就能讓更多的光和愛照進來。當你開始相信自己對著鏡子說的正面肯定句，更多美麗的愛就會衝破這道由你的過去築成的牆。無論問題是什麼，最好的解決方法就是去愛自己。

如果偶爾聽見內在的批判者爲了某件事挑剔你，或是說出負面評語，沒有關係，你永遠可以尋求你的朋友和夥伴——鏡子——的幫助。深深凝視自己的雙眼，說：「我值得被愛。」然後，持續這樣做。

請說這個肯定句：「我歡慶這以鏡子練習來愛自己的一週。現在我進入了一個新的意識空間，在這裡，我願意用不同的角度看自己。」

✦第7天的鏡子練習

1. 站在浴室的鏡子前。
2. 凝視你的雙眼。
3. 說出這個肯定句：「我愛你，我真的愛你。我為你做了鏡子練習而驕傲。」
4. 重複這個肯定句十次，並加入你的名字：「我愛你，〔名字〕，我真的愛你。我愛你，〔名字〕，我真的愛你。我為你做了鏡子練習而驕傲。」

5.看著前額，想像你按下那裡的一個按鈕後彈出一張CD，那張CD裡裝滿一直在你腦海中播放的舊信念和負面想法。把手往上伸，想像你將那張圓盤從頭部拔出來，然後把它給丟了。

6.現在，深深凝視你的雙眼，想像你正在製作一張裝滿正面肯定句的新CD：「我願意放下。我值得被愛。我現在這樣就很完美。」

✦第7天的記錄練習

1.拿出日誌，翻到你第一天做的鏡子練習。

2.讀一讀你做完第一天的鏡子練習後寫下的感覺和觀察到的事。

3.在新的一頁寫下你做完第一週的鏡子練習後有什麼感覺、觀察到什麼。鏡子練習是否變容易了？看著鏡子時，你是否覺得比較自在了？

4.寫下你在鏡子練習中做得最成功的部分。接著，寫下你覺得鏡子練習最困難的部分。

5.創造新的肯定句，幫助你克服有困難的那些地方。

✦第7天的心靈訊息：「我所有的經歷對我都是合適的。」

從出生那一刻開始，我們就不斷在穿越一道又一道的門。出生是一道大門，一個巨大的改變，而從那時起，我們已經穿過許多道門了。

我們配備著過充實富足人生所需的一切來到這個人世。我們擁有需要的所有智慧和知識，擁有需要的一切能力和天賦，擁有需要的愛。生命隨時在一旁支持我們、照顧我們。我們必須知道並相信事實就是如此。

門總是開開關關，如果我們能始終歸於自身中心，那麼無論穿越哪一道門，總能安然度過。即使要通過的是在這個星球的最後一道門，那也不是結束，而是另一段新冒險旅程的開始。要相信，改變不會有什麼問題。

今天是新的一天，我們將擁有許多美好的新體驗。我們被愛著，我們很安全。

✦第7天的靜心：我是靈

我們是唯一能拯救世界的人，只要我們爲了相同的理由攜手同心，就會找到答案。我們得牢牢記住，有一部分的我們遠遠超越我們的身體、我們的性格、我們的疾病或不適、我們的過去。有一部分的我們超越了我們的關係。我們的核心是純粹的靈，永恆不滅——過去如此，未來也是。我們來到這裡是爲了愛自己，也爲了愛彼此。藉由這麼做，我們就能找到答案，以療癒自己和這個星球。

我們正在經歷一個非常特別的時代，一切事物都在改變。我們甚至可能不知道問題有多深，卻盡力在其中泅泳求生存。這一切，同樣會過去的，而我們會找到解決方案。我們在靈性層次相互連結，而在靈的層次，我們是一體的。我們是自由的，事實就是如此。

PART 2
愛內在小孩，釋放恐懼

§第8天§

愛你的內在小孩 I

今天，你的眼光要超越鏡中那個大人，

接觸你的內在小孩。

今天對你的鏡子練習而言是非常重要的一天。握住我的手，我們一起走到你的鏡子前。深深凝視你的雙眼，眼光超越鏡中那個大人，跟你的內在小孩打個招呼吧。

無論你年紀多大，內在都有個小孩需要被愛、被接納。如果你是女人，無論你多麼獨立自主，內在都有個非常柔弱的小女孩需要幫助；假如你是男人，無論你多有自信，內在都有個小男孩渴望溫暖和關愛。

看著鏡子時，你有沒有看見你的內在小孩？這個孩子快樂嗎？這個孩子試圖告訴你什麼？

你經歷過的每個年紀都存在你之內——在你的意識和記憶中。小時候，每當事情出了差錯，你總以爲一定是**你**哪裡有問題。孩子會逐漸產生一種想法，認爲只要他們不犯錯，父母就會愛他們，不會懲罰他們。

通常，我們在五歲左右就會迴避或拒絕聆聽內在小孩說的話。我們會這麼做，是因爲覺得自己哪裡有問題，所以不想再和這個小孩有任何關係。

此外，我們內在也有個父母。對大部分人來說，這位內在父母幾乎從未停止責罵內在小孩。如果聆聽自己的內在對話，就會聽見那些責罵。你會聽到內在父母說你什麼地方做錯了，或者你不夠好。

所以，早在小時候，我們就和自己開戰了，並且像父母批評我們那樣開始批評自己：「你很笨。你不夠好。你什麼都做不好。」這種持續不斷的批評成了習慣。現在，我們長大了，但多數人不是全然忽視內在小孩，就是以過去我們被輕視的方式來貶低這個孩子。我們一再重複這樣的模式。

每當你感到害怕，要知道這是你的內在小孩在害怕。大人不會害怕，但大人切斷了和內在小孩之間的連結，沒有陪在這個孩子身邊。大人和小孩需要培養彼此之間的關係。

你要如何連結自己的內在小孩？第一步就是透過鏡子練習認識他。這個孩子是誰？他爲什麼不快樂？你可以做些什麼來幫助這個孩子覺得安心、覺得安全、覺得被愛？

跟內在小孩聊聊你做的每一件事。我知道這聽起來很蠢，但很有用。讓你的內在小孩知道，無論發生什麼，你都不會丟下他或轉身離開，而是會一直陪著他、愛他。

你的內在小孩想要的只是有人關注、有安全感、有人愛。如果可以每天花幾分鐘開始和你內在的這個小朋友連結，生活會變得美好許多。

請說這個肯定句：「我願意去愛、去接納我的內在小孩。」

✦第 8 天的鏡子練習

1. 找一張你大約五歲時的照片，貼在浴室的鏡子上。
2. 花幾分鐘看著這張照片。你看到了什麼？你看到的是個快樂的孩子嗎？或者，是個悶悶不樂的孩子？

3.對著鏡子跟你的內在小孩說話。你可以看著照片，或是凝視鏡中的雙眼——就看哪種方式讓你感覺比較自在。如果你小時候有小名，就用這個名字和你的內在小孩說話。最好在鏡子前面坐下來，因爲如果站著，只要一出現很難過的感受，你也許就想要奪門而出。所以，坐下來，準備好一盒面紙，開始說吧。

4.敞開心，分享你內心深處的想法。

5.說完之後，用這個肯定句作結：「親愛的，我愛你。我在這裡陪你，你很安全。」

✦第 8 天的記錄練習

1.這個練習需要蠟筆、色鉛筆或彩色簽字筆。

2.以你的非慣用手——也就是你不會用來寫字的那隻手——畫出小時候的你。要發揮創意喔！

3. 把這張畫貼在浴室的鏡子上。

4. 看著這張畫，開始和你的內在小孩說話。

5. 問你的內在小孩以下這些問題，並把答案寫在日誌裡：你喜歡什麼？你不喜歡什麼？什麼事物會讓你害怕？你需要什麼？我要怎麼做才能讓你快樂？

6. 閉上眼睛，花幾分鐘思考你得知的那些關於你內在小孩的事。

✦第8天的心靈訊息：「我帶著愛擁抱內在小孩。」

好好照顧你的內在小孩。這是個受到驚嚇的孩子，這是個受了傷的孩子，這是個不知道該怎麼辦的孩子。

陪在內在小孩身邊，擁抱他、愛他，盡你所能照顧他的需求。一定要讓內在小孩知道，無論發生什麼，你永遠都會陪在他身邊，不會轉身離去或拋下他不管。你會永遠愛這個孩子。

✦第8天的靜心：放下，放鬆

做一次緩慢深長的呼吸，然後閉上眼睛。再次深呼吸，並讓身體全然放鬆。把注意力放在腳趾，讓它們完全鬆弛。現在，放鬆腳背、腳跟、腳踝。讓你的腳變重。接著，讓這種鬆弛感往上移到小腿、膝蓋，然後繼續讓這份溫暖和放鬆的感覺往上移到大腿，感覺大腿逐漸變重。

現在，放鬆髖關節和臀部。接著讓腰鬆開，然後感覺有一份平靜往上移到胸部，從鎖骨擴散到肩膀。放鬆上臂，放鬆手肘，放鬆下臂、手腕和手。讓最後一點緊繃從指尖流出去。放鬆脖子，然後是下巴、臉頰，以及眼睛四周的肌肉。放鬆前額和頭皮。放下、放下、放下，放鬆。

§第9天§

愛你的內在小孩II

今天你要利用鏡子練習來原諒過去，
並開始去愛美好的內在小孩。

你和你的內在小孩今天好嗎？你們是不是比較認識彼此了？我發現和內在小孩攜手合作非常有助於療癒過去受到的傷害，但我們並不常連結自己內在那個擔心受怕的孩子的感受。

如果你的童年充滿恐懼，以及身體或言語暴力，你也許習慣在內心鞭打自己。而這麼做的時候，你就是在以幾乎相同的方式對待內在小孩，但內在小孩無路可逃。

許多人的內在小孩都很迷惘、寂寞，而且覺得被排斥。也許長久以來我們與內在小孩唯一的接觸，就是責罵與批評他，然後我們還搞不懂自己為何不快樂。**我們無法在排斥某部分的自**

己時，內在還處於和諧狀態。

今天，讓我們用鏡子練習來掙脫父母給的限制，連結迷惘的內在小孩吧。讓我們原諒過去，開始去愛內在這個美麗的孩子。這個孩子必須知道我們在乎他。

大部分人都將過去的許多感受和傷痛埋藏起來，所以學習去愛內在小孩需要花點時間。花多少時間都沒關係，請一再重複地做這些練習，我保證，你一定會達成目標。

你的內在小孩依然抱持你小時候建立的信念。如果你的父母很死板、嚴格，而你現在對自己很嚴苛，或是習慣在身邊築起高牆，那麼你的內在小孩很可能還在遵循你父母的規定。如果你繼續挑剔自己犯的每一個錯，你的內在小孩每天早上起床時一定很害怕，想著：我爸媽今天不知道又要對我破口大罵些什麼了？

父母過去對我們做的事，其實是他們自身意識的產物。我們現在也是父母了，也在使用自己的意識，如果你依然拒絕照顧內在小孩，就會困在自己的怨恨裡，動彈不得。這往往意味著你心裡還有個你必須去原諒的人。你需要放下的怨恨是什麼？你還沒原諒自己什麼？

現在，觀想你牽著內在小孩的手，接下來幾天無論去哪裡都在一起，看看你們會有什麼愉快的經歷。這聽起來也許很蠢，但請試一試，真的有用。為自己和內在小孩創造一個美好的人生，宇宙會有所回應，而你也會找到方法療癒內在小孩，以及成人的你。

無論你的童年是快樂、是悲傷，你——也只有你——能掌控你現在的人生。你可以花時間責怪父母，或者，你可以擁抱愛。

愛是我所知道最大的橡皮擦，能擦去最深、最痛的記憶，因為愛可以比其他任何事物進入更深處。想想看：你想要痛苦的人生，或是充滿喜悅的人生？選擇和力量永遠在你之內。凝視你的雙眼，愛自己，也愛你內在那個孩子。

請說這個肯定句：「我愛我的內在小孩。我掌控自己現在的人生。」

✦第9天的鏡子練習

1. 到浴室鏡子前面看著你昨天貼在那裡的畫（小時候的你）。
2. 現在，花幾分鐘告訴你的內在小孩你在乎他。說這個肯定句：「我在乎你。我愛你，我真的愛你。」

3.如果可以，坐在鏡子前，或者坐下來看著手拿鏡，繼續與內在小孩進行昨天展開的對話。可以用道歉開頭，例如：「對不起，這麼多年來我都沒有和你說過話。對不起，長久以來我都在責罵你。我想要彌補我們彼此分開來的那些時間。」

4.如果你已經五、六十年沒有和內在小孩說話了，可能要花一些時間才會感覺到自己正在重新與之連結，但請堅持下去，你最後一定會連繫上。你可能會**感覺到**內在小孩，可能會**聽見**內在小孩，甚至可能**看見**內在小孩。

5.準備一盒面紙放在旁邊。和內在小孩說話時，可以盡情地哭，淚水能幫助你突破，並重新與內在小孩連結。

✦第 9 天的記錄練習

1.小時候，你眞正喜歡做的事情是什麼？寫下所有你想得到的事。你最後一次做這些事是什麼時候？內在父母太常阻止我們玩樂，因爲這不是大人該做的事。

2.現在，放下日誌，到外面去和內在小孩玩。盡情地玩吧！做你小時候喜歡做的蠢事，例如在樹葉堆上跳，或是在庭園灑水器正在噴水時穿梭於水霧中。看看其他在玩耍的孩子，這會讓你回想起你喜歡的遊戲。如果想要在生活中擁有更多樂趣，就與內在小孩連結吧，我保證你會開始活得更有樂趣。

✦第9天的心靈訊息：「我願意改變並成長。」

你願意學習新事物，因爲你還有好多不知道的事。當舊觀念對你不再有用，你願意丟棄。你願意看著自己的行爲，然後說：「我不想再這麼做了。」你知道你可以變得更接近眞正的你。不是變得更好——因爲這暗示著你不夠好，這並非事實——而是變得更像**眞正的**你。

成長與改變是很令人興奮的，即使這代表你必須先往自己的內在探看某些痛苦的事。

✦第9天的靜心：愛內在小孩

讓時間倒轉，想像自己是個五歲的小孩。伸出雙手對這個孩子說：「我是未來的你，是來愛你的。」帶著愛擁抱這個孩子，然後把他一起帶回現在。想像你們兩個站在鏡子前，充滿愛地看著彼此。站在那裡時，你察覺有好多部分的你不見了。

現在，讓時間回到更早之前，回到你出生那一刻。你剛從母親的產道下來，那也許是一趟艱難的旅程。你感覺到冰冷的空氣，看見明亮的燈光，也許還有人剛打了你的屁股。你抵達目的地了！你來到這裡是要展開完整的人生。去愛那個小小的嬰兒，愛那個寶寶！

現在，讓時間回到你開始走路那個時候。你會站起來，然後跌倒，站起來，又跌倒，然後再站起來，又跌倒。接著突然間，你會站了，然後邁出一步，接著是另一步，你會走路了！你為自己感到驕傲。去愛那個小小孩，愛那個小孩！

接著，讓時間回到你上學的第一天。你不想離開母親，但你還是這麼做了。你跨過學校的門檻，邁出頭幾步。你很害怕，但你還是這麼做了。你盡了自己最大的努力。去愛那個孩子，愛那個孩子！

接著，想起你十歲左右的生活和當時發生的一切。那可能是很美好的一段時光，也可能很辛苦。你盡己所能好好活著，而且也做到了。去愛那個孩子，只要去愛那個孩子就好！

現在，讓時間回到你進入青春期的時候，想起當時發生的一切。那是讓人興奮也令人提心吊膽的一段時光，而且也許超出你所能掌握，但你還是撐過來了。你盡了自己最大的努力，你做到了。所以，去愛那個青少年，愛那個青少年！

回到你做第一份工作的時候，掙錢眞是一件令人雀躍的事。你渴望讓別人留下好印象，而且有好多東西要學。不過，你盡了自己最大的努力，而且成功了。去愛那個人，只要去愛那個人就好！

想起你第一次在戀愛中被拒絕，想起你的心有多痛。你確定不會再有人愛你了，你好痛苦。你盡己所能熬過來，你做到了。去愛那個人，愛那個人！

然後，回到你人生的另一個重大事件。那件事可能讓你覺得很丟臉、很痛苦，或是很美好，無論如何，當時你已經以自己擁有的理解、知識和體認盡力了。所以，去愛那個人，愛那個人！

現在，集合這許多部分的你，一起帶到此刻。想像你和這所有的你自己一起站在鏡子前，並且了解到，你正看著自己充實豐富的人生。當然，其中有艱難的時刻、痛苦的時刻、難堪的時刻，還有困惑的時刻，而這些都沒有關係，都是生命的一部分。去愛**全部的**你。

現在，轉過身來。當你向前看時，想像有一個人張開雙臂站在你面前，說道：「我是未來的你，是來愛你的。」

生命就是無數個愛自己的機會——過去、現在和未來。愛並接納每個部分的自己很有療癒作用。如果排斥自己任何一個部分，你怎麼可能完整，或是被療癒？療癒就是讓自己再次完整無缺。愛自己，每個部分的自己，然後變得完整。一切都很好，事實就是如此。

§第10天§

愛你的身體，療癒你的痛苦

今天的課題是「痛苦」：

痛苦是什麼、從哪裡來、要告訴你什麼，以及你能從中學到什麼。

許多人每天都在承受痛苦或疾病，那可能只是我們人生的一小部分，也可能占去一大部分。今天，你要利用鏡子練習來打開一道新的門，去愛你的身體，並療癒你的痛苦。

沒有人想要痛苦，但如果你有，你能從中學到什麼？痛苦從哪裡來？它試圖告訴你什麼？既然痛苦可能是身體或心理不適的顯化，那麼，身體和心智顯然都很容易受其影響。

我最近正好目睹一個絕佳的例子。當時我看著兩個小女孩在公園裡玩，第一個女孩開玩笑地舉起手，正要往她朋友的手臂拍下去。她的手都還沒碰到對方，另一個女孩就大喊：「噢！」

第一個女孩看著她的朋友，問道：「你在喊什麼？我都還沒碰到你耶。」她的朋友回答：「喔，因爲我知道一定會痛啊。」

身體就像人生中的其他事物，是反映出我們內在想法與信念的鏡子。它一直在對我們說話，只要我們願意花時間聆聽。我相信是我們創造了自己身體的所有痛苦和疾病，身體裡的每個細胞都在回應我們想的每個念頭、說的每一句話。

身體總是渴望達到最健康的狀態，無論我們做了什麼。然而，如果用不健康的食物和不健康的想法來虐待身體，那麼，我們對自己的不舒服也難辭其咎。

痛苦會以許多形式出現：疼痛、擦傷、踢到腳趾、瘀血、充血、睡不好、反胃想吐，或是某種疾病。它試圖告訴我們某件事。痛苦是身體在舉紅旗，好引起我們的注意——最後一搏，要讓我們知道自己的人生有某個部分出了問題。

感覺到痛苦時，我們怎麼做？我們通常會跑去翻藥櫃，或是去藥局買藥來吃。而這麼做的時候，我們就是在對身體說：「給我閉嘴！我不想聽見你的聲音。」你的身體會安靜一陣子，但接著又會繼續低語——這次會比之前稍微大聲一點。想像一下，你正在和朋友說一件重要的事，但他根本沒在聽，會怎麼樣？你會再說一次，而且音量可能會大一點。如果他還是沒在聽，你可能會變得激動，然後破口大罵；或者，在覺得受傷、覺得不被愛的情況下，你會閉上嘴巴，就此沉默。

有時，人其實是自己**想要**生病。在我們這個社會中，痛苦和疾病是一種逃避責任或不愉快狀況的正當方法，如果學不會說「不」，也許就得製造出一種病來為自己說「不」。

然而，總有一天你必須去關注究竟發生了什麼事。讓你自己去聆聽身體在說些什麼，因為你的身體最想要的就是健康，而這需要你的配合。

將你的每一份痛苦當成老師，它在告訴你，你的意識中有個錯誤的想法。你所相信、你所說、你所做或你所想的某件事，並不能帶給你最大的好處。我總是想像身體在旁邊拉了拉我，說：「請注意一點！」當你發現某種痛苦或疾病背後的心理模式，就有機會藉由鏡子練習來改變這個模式，遏止疾病或不適。

你是否願意去關注自己的身體，並放掉造成你的痛苦的那份需求？如果願意，請開始做鏡子練習，學著愛你的身體，並療癒你的痛苦。

請說這個肯定句：「我愛我的身體。我要給身體它在每個層面需要的一切，讓它回到最健康的狀態。」

✦第10天的鏡子練習

1. 選出你今天想要處理的痛苦或疾病。假設是胃灼熱好了。
2. 站或坐在鏡子前。
3. 深深地凝視你的雙眼，問自己這些問題：這個胃灼熱是從哪裡來的？它試圖告訴我什麼？我是不是一直在吃不健康的食物？我是不是在害怕什麼？我是不是聽到了我沒辦法消化的消息？是不是有什麼情況越來越嚴重，我沒有去處理？有什麼事或什麼人讓我無法忍受？
4. 無論你現在的痛苦或疾病是什麼，都可以說這些肯定句：「我自由且充分地呼吸。我聆聽身體給我的訊息。我以健康和營養的食物餵養身體。我允許身體在需要時可以休息。我愛我這個了不起的身體。我很安全。我信任生命的過程。我什麼都不怕。」持續重複這些肯定句。

5.現在，特別針對那個導致你痛苦的部位說一些肯定句。例如，若你有胃部問題，可以說：「我愛我的胃。我真的愛你，我健康的胃。我餵你健康的食物，而你愉快地消化它們。我允許你痊癒。」

6.再重複這些肯定句兩、三次。

✦第10天的記錄練習

1.覺得痛苦或不舒服時，花點時間讓自己安靜下來。相信你更高的力量會讓你知道你的生命中有什麼需要改變，好讓你擺脫這份痛苦。

2.觀想你最愛的花以完美自然的姿態盛開並環繞在你身旁。當甜美溫暖的空氣輕輕拂過你臉龐時，去感受、去嗅聞。專注於放鬆你身體的每一塊肌肉。

3.問自己這些問題：我是如何造成這個問題發生？我需要知道什麼？我生命中有哪些部分必須改變？靜心思索這些問題，讓答案浮現，然後將答案寫在日誌裡。

4.從你在步驟三得到的答案中選出一個，針對它寫出一份你可以在今天採取的行動計畫。

一次改變一個就好。正如老子所言：「千里之行，始於足下。」一小步一小步累積起來，就能在人生中創造重大改變。痛苦不一定會在一夜之間消失無蹤——雖然是有可能如此。痛苦花了一段時間才浮上表面，所以，認清自己不再需要痛苦可能也要花點時間。對自己溫柔一點。

✦第10天的心靈訊息：「我仔細聆聽身體的訊息。」

身體就像人生中的其他事物，是反映出你內在想法與信念的鏡子。每個細胞都在回應你想的每個念頭、說的每一句話。

在這個變動的世界裡，你選擇在所有領域保持彈性。爲了讓你的生活品質和你的世界變得更好，你願意改變自己、改變你的信念。無論你如何對待自己的身體，它都愛你。你的身體會與你溝通，而你現在要聆聽它的訊息。你願意接收這個訊息。

你會去關注，並做出必要的修正。你愛你的身體，並提供它在每個層面需要的一切，讓它回到最健康的狀態。無論何時，只要有需要，你都可以呼喚你的內在力量。

✦第10天的靜心：給「健康」的正面肯定句

這裡有一些可以支持你的健康和療癒的正面肯定句，請經常複誦：

我享用對我身體最好的食物。

我愛我身體的每一個細胞。

我會做健康的選擇。

我尊重我自己。

我期待健康的老年生活，因為我現在帶著愛在照顧我的身體。

我不斷發掘新方法來改善自己的健康。

我提供身體在每個層面需要的一切，讓它回到最健康的狀態。
我一定會被療癒。我不讓心智造成阻礙，允許身體的智慧自然地進行療癒工作。
我有一位非常特別的守護天使。神聖力量隨時都在引導我、保護我。
完美的健康狀態是神賜予我的權利，我現在要執行這項權利。
我感謝我這個健康的身體。我愛生命。
只有我能控制我的飲食習慣。我永遠可以抗拒某樣東西，只要我選擇這麼做。
水是我最喜歡的飲料。我喝大量的水來清洗身體和心智。
讓心智充滿愉快的想法，是通往健康最快的路。

§ 第11天 §

擁有美好的感覺，釋放憤怒

今天你要面對的是憤怒：如何處理它，並在它讓你生病前將之釋放，以及如何騰出更多內在空間以容納正面情緒。

每天跟自己說話，並告訴自己，你是被愛的，感覺如何？看著鏡子，花幾分鐘恭喜自己，因為你已經直視情緒，並開始釋放過去了，現在正學著在腦中播放正面的肯定句。恭喜你走了這麼長的路來到這裡，我為你和你對鏡子練習的投入喝采。

挖掘過去並釋放情緒時，你可能會發現有些憤怒針對的是你自己或某個特定事件。所以，今天我想幫助你學習原諒，並釋放你可能有的憤怒，讓你對自己有好的感覺。

憤怒是種誠實的情緒，但如果沒有被往外表達或處理，就會在內在、在身體裡處理，而且往往會發展成疾病或某種功能失調。

人通常會一再對某件事生氣，而生氣時，我們覺得自己沒有權利將之表達出來，於是便吞下去，這麼做可能引起怨恨、悲痛或憂鬱。所以只要一有憤怒的情緒出現，就要去處理它，並將之釋放。

如果喜歡透過肢體表達憤怒，就找幾個枕頭來打。別怕讓憤怒自然宣洩，你已經將感受封存得太久了，不需要因爲覺得憤怒而有罪惡感或羞愧。

一個處理憤怒的好方法是**開誠布公地跟那個讓你生氣的人說**。當你覺得很想對某人尖叫時，你對他的憤怒已經積壓很長一段時間了，而這往往是因爲你覺得沒辦法坦率地和對方說。所以，另一個宣洩憤怒的好方法，就是**對著鏡子跟那個人說**。

鏡子練習可以幫助你將所有的感受表達出來。我有個學生一直無法宣洩憤怒，理智上，她了解自己的感受，但就是沒辦法表現出來。當她允許自己在鏡子前面表達感受時，她終於可以尖叫，並且用各種難聽的話罵她的母親和酒鬼女兒。釋放這股怨恨時，她覺得自己彷彿卸下了千斤重擔。之後，女兒來看她時，她忍不住抱著女兒。這一切之所以有可能發生，是因爲她釋放了自己壓抑已久的憤怒，騰出空間給愛。

許多人告訴我，一旦釋放自己對另一個人的憤怒，他們變得快樂多了，彷彿放下了一個無比沉重的包袱。

往內在探索，知道你的憤怒是有原因的，而你會找到答案。靜心並觀想憤怒自然地從身體向外流走，非常有療癒效果。送愛給你憤怒的對象，想像你的愛化解了你們之間的任何不和諧。要願意和睦相處，也許你感覺到的憤怒是在提醒你，你和其他人之間溝通不良。只要認清這一點，你就能夠修正。

請說這個肯定句：「有任何感受都沒關係，今天我要用正面的方式表達自己的感覺。」

✦第11天的鏡子練習

1. 找一個安靜、有鏡子、讓你覺得安全且不受打擾的地方。
2. 看著鏡子，凝視你的雙眼。如果還是不太習慣這麼做，就把注意力放在嘴巴或鼻子上。

3.看見自己或那個你覺得對不起你的人（或是兩個人都看到）。想起你生氣的那個時刻，感覺那股憤怒流過你全身。開始告訴那個人你究竟在氣什麼，完整表達出你感受到的憤怒。要說得很明確，例如：「我對你很生氣，是因為〔填入原因〕。」「我覺得受傷，是因為你〔填入原因〕。」「我很害怕，是因為你〔填入原因〕。」

4.你也許得練習好幾次，才會眞正覺得自己擺脫了所有的憤怒。你可能想要一次處理一個憤怒問題或好幾個，覺得怎麼做比較好就怎麼做。

✦第11天的記錄練習

1.你生活中的大部分時間是不是都在生氣？你可以寫下這裡的幾個問題，幫助自己釋放這些習慣性的憤怒感受：為什麼我選擇一直生氣？我做了什麼，才會一再製造出讓自己生氣的情境？我還在懲罰誰？我散發出什麼，讓他人覺得有必要惹惱我？

2.現在，問問自己這些問題，並寫下答案：我想要什麼？我要怎樣才會快樂？我要做些什麼才能讓自己快樂？

3.想想要怎麼在內在創造一個新空間，讓你能對自己感覺好一點。想想你可以如何創造樂觀愉快的模式和信念。

✦第11天的心靈訊息：「我值得擁有美好的感覺。」

生命很簡單。我們透過自己的思考模式和感覺創造出自身體驗，我們對自己和生命的信念會變成真的。思想只是一堆串在一起的話語，沒有任何意義，是**我們**賦予了它們意義——藉由一再把注意力放在負面訊息上。

如何處理自身感受非常重要。要表現出來嗎？要懲罰其他人嗎？悲傷、寂寞、罪惡感、憤怒和恐懼都是正常情緒，但是當這些感受接手成爲主導者，生命就會變成情緒的戰場。

透過鏡子練習、對自己的愛和正面肯定句，你可以滋養自己，並減輕此刻感受到的焦慮。你相信你值得在自己情緒化的生活中擁有平靜和安寧嗎？

請說這個肯定句：「我釋放自己意識中那個造成我抗拒對我有益的一切的模式。我值得擁有美好的感覺。」

✦第11天的靜心：你的療癒之光

深入探看你心的中央，找到一個小如針尖、有著瑰麗色彩的光，那顏色眞美麗啊。那就是你的愛與療癒能量的中心。看著那個小光點開始跳動。隨著跳動，它不斷擴展開來，直到充滿你的心。想像這道光在身體內移動，移到頭頂，以及腳趾和手指尖端。你因爲這道美麗的彩光，因爲你的愛與療癒能量而閃閃發光。讓整個身體跟著這道光振動，對自己說：「隨著每一次呼吸，我變得越來越健康。」

感覺這道光在清理你身體的疾病與不適，並允許身體再次變得充滿生氣而健康。接著，讓這道光開始從你之內向四面八方發射出去，如此一來，你的療癒能量就可觸及每個有需要的人。將自己的愛與光、自己的療癒能量分享給需要療癒的人，眞是莫大的榮幸。讓你的光進入醫院、養老院和孤兒院，進入監獄、精神病院和其他療養機構，帶去希望、啓發和平靜；讓這道光進入你居住城市中的每個家庭。哪裡有痛苦和磨難，就讓你的愛與光、你的療癒能量爲那些需要的人帶來撫慰。

挑選地球上的某個地方，作爲你想幫助他人療癒之處。這個地方可能遠在天邊，也可能就在轉角處。將你的愛與光、你的療癒能量集中於此，想像它達到平衡與和諧，想像它完整無缺。每天花幾分鐘，將你的愛、光與療癒能量，傳送到你挑選的這個地方。

我們給出去的，都將加倍回到我們身上。付出你的愛。事實就是如此。

§第12天§

克服恐懼

今天你要學習解除恐懼對你的掌控力，
相信生命正在照顧你。

看著鏡子，深呼吸一口氣，給鏡中那個回望你的美麗的人一個飛吻。每一天，你都變得更強大。感謝鏡子幫助你釋放過去，並爲你反映出更多正面想法。生命愛你，我也是！

今天你的鏡子練習要集中在一種情緒上，它阻礙你去愛自己、原諒他人，也讓你無法過著你理應擁有的快樂人生。這種情緒就是「恐懼」。

恐懼化爲戰爭、謀殺、貪婪和懷疑等形式，在今日的地球上蔓延。恐懼是缺乏對自己的信任，而當你可以克服恐懼，就會開始信任生命。你會開始相信，生命正在照顧你。

蘇珊．傑佛斯在她的暢銷著作《恐懼OUT：想法改變，人生就會跟著變》中如此寫道：「如果每個人面對生命中的新事物時都會感到害怕，但依然有那麼多人就算害怕還是『去做了』，那我們一定可以說，**恐懼並不是問題**。」她認爲，眞正的問題不是恐懼本身，而是我們對它有多執著。面對恐懼，我們可以採取具有掌控力的姿態，或是無助的姿態。我們有恐懼這件事，變得無關緊要。

你給了恐懼多少力量？

某個恐懼的念頭出現時，它其實只是想保護你。當你實際覺得害怕時，腎上腺素會狂飆，保護你不受危險侵害，而同樣的道理適用於你在心智中製造出來的恐懼。

我建議你在做鏡子練習時和你的恐懼說話。你可以說：「我知道你想保護我。我很感激你想要幫助我，謝謝你。」**對恐懼的念頭表示感謝，謝謝它想要照顧你**。

在做鏡子練習時觀察並處理恐懼，你會開始認清你**不是**你的恐懼。把恐懼想成你在電影銀幕上看到的影像：你在銀幕上看到的事物並非眞的在那裡，那些移動的影像只是一格一格、瞬間閃過的圖片而已。**你的恐懼會像那樣快速來來去去，除非你堅持緊抓它們不放**。

恐懼只是你心智設下的一種限制。你害怕生病、害怕失業、害怕失去所愛的人、害怕伴侶離開你，於是，恐懼變成一種防禦機制。然而，做鏡子練習強大多了，如此你就能停止在心智中一再創造令人害怕的情境。

我相信，在愛與恐懼之間，我們是有選擇的。我們體驗到對改變的恐懼、對不改變的恐懼、對未來的恐懼、對冒險的恐懼；我們害怕與人太過親密，也害怕孤單；我們害怕讓人知道自己需要什麼，以及自己的眞實面貌，也害怕放下過去。但是，心智沒辦法同時擁有兩種相反的想法，而與恐懼相對的另一端，就是愛。愛是所有人都在尋找的奇蹟創造者。當你愛自己，你就能照顧自己。

感到害怕時請自我提醒，這代表你不愛自己、不信任自己。**認爲自己不夠好這個信念往往是恐懼的根源**，但是當你全然地愛自己、認可自己時，就能開始克服恐懼。

盡一切努力讓你的心、你的身體、你的心智變強大。向鏡子和你的內在力量求助。

請說這個肯定句：「一切都很好。每件事都會出現對我最好的結果。我很安全。愛是我的力量。唯有愛是真實的。」

✦第12天的鏡子練習

1.你現在體驗到的最大恐懼是什麼？寫在一張便利貼上，然後貼在鏡子的左邊。向這份恐懼致謝，告訴它：「我知道你想保護我。我很感激你想要幫助我，謝謝你。現在我要放下你了。我釋放你，而我很安全。」接著，拿起這張便利貼，把它撕碎，丟進垃圾桶或丟到馬桶裡沖掉。無論你用什麼方式擺脫恐懼，重點就是將之釋放。

2.再次看著鏡子，重複這些肯定句：「我愛，我信任。愛與生命都會看顧我。我與創造我的力量是一體的。我很安全。我的世界裡，一切安好。」

3.現在看著鏡子，觀察自己的呼吸。害怕時，我們往往會屏住氣息，所以如果感受到威脅或覺得害怕，請有意識地呼吸。做幾次深呼吸，呼吸會打開你的內在空間，而這個空間就是你的力量所在。呼吸讓你的脊椎伸直、胸腔打開，並讓你柔軟的心有空間擴展。

4.繼續自然地呼吸，並觀察之。這麼做的時候，請重複這些肯定句：「我愛你，〔名字〕。

我愛你，我真的愛你。我信任生命。生命提供我所需的一切。沒有什麼好害怕的，我很安全。一切都很好。」

✦第12天的記錄練習

1.在這幾個標題之下寫出你最大的恐懼各是什麼：家庭、健康、工作、關係、財務。

2.接著，針對你列出的每個恐懼寫下至少一個正面肯定句。比方說，如果你寫的是「我害怕自己會生病，然後沒辦法照顧自己」，那麼肯定句就可以是：「我永遠可以吸引到我需要的所有幫助。」

✦第12天的心靈訊息：「我一直被完美地保護著。」

記住：當某個恐懼的念頭出現時，它只是想保護你。請告訴恐懼：「我很感激你想要幫助我。」接著，說一個肯定句，以處理那份特定的恐懼。**承認並感謝恐懼，但別賦予它力量或重要性。**

✦第12天的靜心：創造一個安全又充滿愛的世界

把今天和每一天都當作學習的時機，一個新的開始。這是改變與成長的機會，可以讓你的意識打開來接受新的層次，考慮新的想法、新的思考方式，並想像我們夢想中的世界。我們的想像有助於創造世界，請跟我一起用嶄新且強大的方式看待自己和這個星球。

想像一個人人都擁有尊嚴的世界，一個無論種族或國籍，每個人都覺得擁有權利、覺得安全的世界。想像每個地方的孩子都被疼惜、被珍愛，不再有虐待兒童的事件。想像學校利用寶貴的時間教孩子們重要的事，像是如何愛自己、如何建立關係、如何當父母、如何處理金錢並擁有健全的財務。接著，想像醫生們學會讓大家保持健康且精力充沛，於是所有生病的人再次變得身心安康，疾病或不適成了過去的事。想像疼痛與痛苦消失，醫院改建成了公寓大樓。

想像所有無家可歸者都有人照顧，每個想要工作的人也都有工作可做。想像監獄在矯正人員和收容人身上建立自我價值與自尊，釋放了熱愛生命、有責任感的公民。想像教會把「罪」和「罪咎」從教義中移除，支持教友表達出自身神性的莊嚴，找到他們最美善之處。想像政府眞的關心人民，所有人都獲得正義與寬容。想像所有商業行爲回歸誠實與公平，再無人知道貪婪。想像男人與女人給予彼此有尊嚴地活著的權利，所有暴力行爲銷聲匿跡。想像純淨的水、營養的食物和乾淨的空氣成爲常態。

現在，讓我們走到戶外，感受潔淨的雨水。而當雨停了，雲層散去，太陽露臉時，我們看見了美麗的彩虹。留意那乾淨的空氣，嗅聞它清新的味道。看見溪流與湖泊中閃閃發光的水。留意那繁茂生長的植物：濃密的森林、豐富多彩的花，以及人人都能享用的水果與蔬菜。

想像全世界的人都享受著和平與富足的生活，和諧相處。當我們放下武器、打開心，看見評斷、批判和偏見都成爲過去，銷聲匿跡。想像邊界消失，分離不再。想像所有人合而爲一，成爲眞正互相關懷的兄弟姊妹。

想像這個星球，我們的大地母親，被療癒而完整無缺。隨著地球鬆了一口氣，和平重新執掌大地，自然災害消散無蹤。

想想你還希望在地球上看見哪些正面的事。當你持續在心中抱持這些念頭並想像之，你就是在幫助創造這個安全又充滿愛的新世界。

§第13天§

帶著愛展開新的一天

今天你會發現，你的早晨怎麼展開，將決定你這一天的經歷如何。
你會學到正面的力量如何讓一切變得更好。

恭喜！你已經完成這門課的前十二天了。你已經學會運用鏡子練習這項工具改變自己的信念模式，並釋放不健康的情緒。你是否開始感覺到鏡子練習的力量，以及它能怎麼改變你的人生了？

今天，你要學習利用鏡子練習來幫助療癒你生命的某些部分。讓我們從你如何展開新的一天開始。你知不知道早上醒來後的第一個小時非常重要？你如何度過這個小時，將決定你這一天剩下的時間裡會有什麼樣的經歷。

你今天是如何展開新的一天？醒來時，從你嘴巴裡說出來的第一句話是什麼？你有沒有抱怨？你是不是想著自己人生中出問題的地方？

你展開一天的方式，往往就是你過日子的方式。

第一眼看到浴室裡的鏡子時，你說的是什麼？沖澡時你說的是什麼？穿衣服時說的又是什麼？出門上班時是什麼狀況？你是直接衝出門，或是先說幾句好話？坐進車裡時，你做了什麼？你是用力甩上門，怒吼著又要上班了，或是祝願一路上交通順暢？

有太多人的一天是這樣開始的：「該死！又是另一天，我又得起床了，眞討厭！」假如用很糟糕的方式展開新的一天，你絕不會擁有美好的一天，不可能。如果用盡全力讓早上變得很糟糕，你接下來這一天都會過得很糟。

我有個執行多年的小儀式。早上醒來後，我會讓身體舒服地蜷伏在床上，謝謝我的床讓我一夜好眠。我會持續幾分鐘，同時以正面的想法展開這一天。我會這樣告訴自己：「這是美好的一天。這會是很棒的一天。」然後起床去浴室，感謝我的身體運作正常。

我還會花點時間伸展一下。我在浴室門口裝了一根運動用的橫桿，用來伸展整個身體。我會抓住橫桿，把膝蓋抬高到胸部三次，然後藉由雙臂掛在橫桿上。我發現早上伸展身體對維持彈性和健康非常好。

伸展了幾次之後，我會沖杯茶，帶回床上喝。我愛我的床。我有個特製的床頭板，它的角度讓我可以靠在上面閱讀或寫作。

伸展身體和心智是我早上必做的事。然後，我才會眞正起床。在面對接下來的一整天之前，我試著給自己兩小時。我喜歡從容不迫地做事，我學會了慢慢來。

如果你是個忙碌的母親或父親，必須讓小孩準備好去上學，或者你得很早就出門上班，那麼，給自己一點時間以正確的方式展開一天就很重要了。我寧願早點起床，讓自己早上可以有這段額外的時間。就算只給自己十或十五分鐘，也絕對有必要，因爲這是你照顧自己的時間。

起床時，進行一個你覺得很好的儀式，並對自己說一些讓你感覺良好的話很重要。盡可能爲自己開啓最棒的一天。你不需要突然在生活中做出這些改變，只要挑一個早上進行的儀式，從那裡開始就好。然後，一旦熟悉這個儀式，就再挑一個來持續練習。別讓自己太累，記住：重點是讓自己感覺很好。

請說這個肯定句：「今天，我創造了美好的新的一天，以及一個美好的新未來。」

✦第13天的鏡子練習

1.早上醒來張開眼睛，就先對自己說這些肯定句：「早安，我的床，謝謝你這麼舒服，我愛你。這是受到祝福的一天，一切都很好，我有時間把今天該做的事做完。」

2.現在，花幾分鐘放鬆，讓這些肯定句流過你的頭腦，然後感覺它們流過你的心和你身體其他部位。

3.準備好要起床時，先去浴室的鏡子前。深深凝視你的雙眼，對鏡中那個回望你，且美麗、快樂、放鬆的人微笑吧！

4.看著鏡子，說這些肯定句：「早安，〈名字〉。我愛你，我真的、真的愛你。今天有很棒的經歷等著我們。」接著，對自己說一些好話，例如：「噢，你今天看起來真棒。你擁有最美的微笑。祝你今天有非常美好的一天。」

✦第13天的記錄練習

1.爲自己創造一個早晨儀式。寫下你可以採取哪些步驟，讓你的早晨以一種正面、快樂、可以提供支持的方式展開。

2.針對晨間儀式的每個步驟寫下兩、三個肯定句。寫下穿衣服時的肯定句、做早餐時的肯定句，以及坐進車裡、開車去上班時的肯定句。

✦第13天的心靈訊息：「我開啟新的生命之門。」

你正站在生命的走廊上，身後有許多道已經被關上的門，這些門代表你不再做、不再說、不再想的事，以及你不會再經歷的狀況。前方則是一條有著無數道門的走廊，每道門都通往一個新的體驗。

向前走時，想像自己打開那些你想要擁有的美好體驗的門。想像自己打開通往喜悅、平靜、療癒、成功與愛的門，通往理解、慈悲與寬恕的門，通往自由的門，通往自我價值與自尊的門，通往愛自己的門。這些全在你面前，你想先打開哪一道門？

相信你內在的嚮導會以對你最好的方式帶領你，而你的靈性成長也會持續開展。無論哪一道門開了、哪一道門關了，你永遠都很安全。

✦第13天的靜心：愛的正面肯定句

讓你的意識充滿這些肯定句，並知道它們對你而言會成眞。經常帶著喜悅練習說這些肯定句：

我不時詢問我所愛的人，我要如何多愛他們一點。

我選擇帶著愛的眼光清楚地看。我愛我所見的一切。

我將愛與戀情吸引到生命中，而且現在就接受。

愛無所不在，而喜悅充滿我整個世界。

我為了每天遇到的愛而欣喜。

我很自在地看著鏡子說：「我愛你，我真的、真的愛你。」

我現在值得擁有愛、戀情、喜悅，以及生命要給我的所有美好事物。

我被愛包圍。一切安好。

我和一個真正愛我的人擁有一段愉快、親密的關係。

我很美，所有人都愛我。

無論到哪裡，我都能遇到愛。

我只吸引健康的關係。我永遠都被人善待。

我非常感謝自己在生命中擁有的愛。我到處都可以找到愛。

§第14天§

愛自己：回顧第二週

今天你要回顧鏡子練習的進展，
並學習在這一路上給自己更多時間和鼓勵。

親愛的，我真以你為傲！現在來到第二週的尾聲，而你站在鏡子朋友前面，每天練習並學習許多你可以將更多愛帶回生命裡的方法！你值得擁有愛、喜悅，以及生命要給你的所有美好事物。

你也許還是覺得做鏡子練習有點蠢或不自在。沒關係，我建議你每天著手做新練習時對自己要有耐心。改變可能很困難，也可能很容易。要記住，這是一段愛自己與接納自己的旅程，要感謝自己付出的所有努力。

你已經完成了好多目標。你看見鏡子幫助你變得更容易察覺到自己說的話、做的事；你正學著放下對你無用的事物；你變得更容易察覺自我對話，仔細聆聽自己所說的話，並學習將它們轉爲正面肯定句；你也努力地將內在批判者轉爲粉絲，它會讚美你的努力，以及你對改變的投入。幹得好！

你的內在小孩在過去這一週是兩個課題的主角，你也很勇敢地面對、處理。給自己一個大大的歡呼！你把自己介紹給內在小孩，開始了解這個小傢伙的感受。此外，你還找時間把這個孩子抱在懷中，讓他知道他很安全、他是有人愛的。你跨出了愛自己的這一大步，我眞爲你感到驕傲。

完成前十四天的課程之後，你發現自己的身體是如何反映出你內在的想法和信念。你開始把注意力放在身體發出的訊息，開始以身體所需、充滿愛的營養物——鼓勵性的想法和正面肯定句——去餵養身體。此外你也注意到，表達出自己眞正的感受和情緒時，那種感覺眞好，就算是負面情緒也一樣。你還要恭喜自己努力練習釋放對他人的憤怒，這是個非常有療癒作用的經歷，絕對可以改變你的人生。

而藉由觀察自身恐懼，並且在做鏡子練習時處理它們，你學會了這一週非常重要的一課：**你不是你的恐懼**。恐懼只是你的心智設下的限制，在愛與恐懼之間，你永遠有選擇。

你這一週也一直在練習我很喜歡的一個法則：**你展開一天的方式，往往就是你過日子的方式**。我很高興知道你努力以充滿愛的想法開始新的一天，這爲你接下來美好的一整天設定了正面基調。

看到你在十四天裡學會多少東西了嗎？繼續給自己鼓勵，完成鏡子練習帶來的這個嶄新體驗。要知道，我一直在你身邊陪著你。

請說這個肯定句：「世界，我在這裡，敞開來接受鏡子練習正在教我的所有美好事物。」

✦第14天的鏡子練習

1. 找一張你小時候眞的覺得很快樂時拍的照片。也許是在你的生日派對拍的，也許是和朋友一起做某件事時拍的，也許是去某個你很喜歡的地方玩時拍的。

2.將這張照片貼在浴室的鏡子上。

3.跟照片裡生氣勃勃的快樂小孩說話。告訴這個孩子，你多麼想要再次擁有那樣的感覺。跟內在小孩討論你的真實感受，以及是什麼在阻止你前進。

4.對自己說這些肯定句：「我願意放下所有的恐懼。我很安全。我愛我的內在小孩。我愛你。我很快樂，我很滿足，而且我是被愛的。」

5.重複這些肯定句十次。

✦第14天的記錄練習

1.拿出日誌，翻到你第七天做的練習。

2.讀一讀你那天做完鏡子練習後寫下的感覺和觀察到的事。

3.在新的一頁寫下你今天做完第二週的鏡子練習後有什麼感覺、觀察到什麼。鏡子練習是否變容易了？看著鏡子時，你是否覺得比較自在了？

4. 寫下你在鏡子練習中做得最成功的部分。接著，寫下你碰到最多麻煩的部分。
5. 創造一個新的鏡子練習和肯定句，幫助你克服遭遇阻礙的那些地方。

✦第14天的心靈訊息：「我願意只看著自己的偉大之處。」

選擇從心智與人生中消除所有負面、破壞性和恐懼的概念與想法，不再去聽、去成爲有害思想或對話的一部分。今天，沒有人可以傷害你，因爲你拒絕相信自己會被傷害。你拒絕讓自己沉溺在破壞性的情緒裡，無論那些情緒看起來多麼情有可原。你超越任何試圖讓你生氣或害怕的事，破壞性的想法完全無法影響你。

你只想、只說你希望在生命中創造的事物。你完全可以勝任你必須去做的事。你與創造你的力量是一體的。你很安全。你的世界裡，一切安好。

✦第14天的靜心：感受你的力量

張開雙臂，用愛來歡迎這新的一天。去感受自己的力量。感受你呼吸的力量，感受你聲音的力量，感受你愛的力量，感受你寬恕的力量，感受你的改變意願的力量。

你很美，你是個神聖、偉大的存有。你值得所有的美好——不是一些美好，是**所有**美好。去感受自己的力量並與之和平共存，因爲你很安全。

PART 3
療癒關係，接收富足

§第15天§

原諒自己與那些傷害過你的人

今天的課題是關於原諒：

原諒自己與傷害過你的人，因而敞開心接受愛自己的新層次。

過去的兩週，你努力練習釋放許多阻礙你的舊信念。我知道那並不容易，所以給自己幾分鐘來慶賀你的進步吧。今天看著鏡子的感覺如何？是否覺得整個人輕鬆許多？深深吸一口氣，然後，把氣吐出來，說：「啊！我正在放下過去，這感覺眞好！」

原諒對所有人來說都是個困難的領域。我們累積了束縛自己許多年的這些阻礙，握住我的手，讓我們一起努力學習原諒自己和那些傷害過我們的人。你一定能做到。

原諒可以讓我們打開心去愛自己。如果沒辦法愛自己，你可能是被困在無法原諒人的狀態中。許多人長年帶著怨恨，因為某人對自己做的事而自以為是正義的一方。我稱之為「坐進自以為正義的怨恨牢籠」。我們是沒有錯，但我們也快樂不起來。

你也許不同意，你會說：「可是你不知道那個人對我做了什麼，那是不可原諒的。」不願意原諒是件對自己很糟糕的事，憤恨的情緒就像每天吞下一匙毒藥，日積月累下來會對你造成傷害。當你讓自己被過去束縛，你就不可能健康，不可能自由。

你可以學習的一項非常重要的靈性功課，就是了解每個人在任何時刻都盡了最大的努力。人只能依據自己的理解、覺知和知識行事，那些惡劣對待他人的人，童年時期一定也曾遭受虐待。暴力程度越高，他們內在的痛苦越深，做出來的事情也越狂暴。**這不是說他們的所作所為可以接受或情有可原，然而，為了自己的靈性成長，你一定要意識到他們的痛苦。**

你緊抓不放的事件已經結束——也許老早就結束了。放下吧，讓自己自由。走出你為自己建造的牢籠，走進生命的陽光裡。如果狀況持續不變，問問自己，為什麼你這麼不看重自己，還在忍受這種事？為什麼你要停留在這樣的狀態？

你是有選擇的：你可以繼續受困，繼續憤恨難平，或者，你可以幫自己一個忙，原諒並放下過去，然後向前走，創造快樂又充實的人生。你可以自由地讓人生變成你想要的模樣，因爲你有選擇的自由。

今天這堂課的目的是要幫助你將自尊提升到你只允許充滿愛的體驗進入自己的人生。請不要把時間浪費在報復，這是行不通的，你給出去的一定會回到你身上。所以，放下過去，現在就努力去愛自己，然後，你就可以擁有美好的未來。

我學到非常有價值的一課，就是當你要原諒時，不需要走到事件相關人士面前，跟他們說「我原諒你」。有時你會想要這樣做，但不是一定要。「原諒」這件事最主要的工作，是在心裡及鏡子前面完成的。

記住，原諒很少是爲了他人，而是爲了你。

很多人告訴我，他們眞正原諒了某個人，接著一、兩個月後，他們就接到對方請求原諒的電話或電子郵件。這種狀況似乎最常發生在對著鏡子做了原諒功課之後。所以，在做今天的鏡子練習時，讓自己深刻地體會內心的感受吧。

請說這個肯定句：「當我原諒自己，原諒別人也變得比較容易了。」

✦第15天的鏡子練習

我認爲在鏡子前面做原諒功課最有好處。建議你找一面你可以舒服地坐在前面的鏡子，像我就喜歡用我臥室門後方的那面長掛鏡。給自己一些時間做這個練習。你可能想要經常做，因爲大部分人都有許多人得原諒。

1. 坐在鏡子前，閉上眼睛。做幾次深呼吸，感覺自己穩穩地坐在椅子上。

2. 想著那些傷害過你的人，讓他們經過你的腦海。現在，睜開眼睛，開始跟他們其中一個人說話——大聲地說。例如：「你深深傷害了我。我以爲自己永遠無法釋懷，但是，我不會再被困在過去了。我願意原諒你。」如果你還說不出這樣的話，就只要說這個肯定句：「我願意。」只要你有意願，就能朝著原諒的方向前進。

3. 深呼吸，然後對那個人說：「我原諒你。我讓你自由。」再深呼吸一次，然後說：「你自由了。我也自由了。」

4.注意自己的感受。你可能覺得有所抗拒，也可能覺得鬆了一口氣。如果感受到抗拒，只要深呼吸，然後說這個肯定句：「我願意釋放所有抗拒。」

5.隨著你持續做這個練習——今天或改天——你可以增加你想原諒的人。記住：原諒並非一個事件，而是一個過程。你也許得在一個人身上多花一些時間持續練習，每一次都多原諒一點。

你今天或許可以原諒好幾個人，也或許只能原諒一個。這都沒有關係，無論你用什麼方式做這個練習，對你來說都是正確的。宇宙和原諒都會看見你。有時，原諒就像剝洋蔥，如果實在太多層了，就把洋蔥放個一、兩天。你隨時可以再回來剝下一層。感謝自己，謝謝你願意做這個練習。你已經漸漸好轉了。

✦第15天的記錄練習

1.播放輕柔的音樂——讓你覺得放鬆和平靜的音樂。現在，拿出日誌和筆，讓思緒漫遊。

2.回到過去，想想所有讓你對自己生氣的事，把它們寫下來，全部寫下來。你可能會發現，你從來沒有原諒自己在小學一年級尿濕褲子而蒙受羞辱的事。這個包袱你背了好久啊！

3.現在，針對你列出的每一件事寫一個正面肯定句。如果你寫的是「我永遠無法原諒自己〔事件〕」，那麼，肯定句就可以是：「這是嶄新的一刻，我可以自由地放下了。」記住，原諒別人有時比原諒自己容易。我們往往要求自己必須完美，對自己比對他人嚴苛。不過，是時候超越這種舊態度了。原諒自己，放下，給自己空間去自然、自由地展現。

4.現在，放下日誌，到外面去——去海灘、公園，或是空地——讓自己跑起來。不是慢跑，是狂奔，瘋狂而自由地奔跑。翻幾個筋斗，沿著街道邊跑邊跳，同時讓自己大笑出聲！帶著你的內在小孩一起出去玩樂。萬一有人看到你怎麼辦？管他的，這是你的自由！

✦第15天的心靈訊息：「我可以原諒。」

我與生命是一體的，生命愛我、支持我。因此，我宣告自己有一顆充滿了愛、開放的心。所有人在任何時刻都盡了最大的努力，我也是。過去已經過去了，我不是我的父母，也不是他們的怨恨模式。我就是獨一無二的我，而我選擇打開自己的心，讓愛、慈悲與理解進來，沖走過去的所有痛苦記憶。我是自由的，想成爲什麼都可以。這是我存在的眞相，我如實地接受它。我的生命裡，一切安好。

✦第15天的靜心：原諒

這裡有一些關於原諒的正面肯定句，請經常重複地說：

我的心門朝內開啓。我通過原諒走向愛。

當我改變想法，我周遭的世界也跟著改變。

過去已經過去，無法影響現在。我此刻的想法創造了我的未來。

當個受害者一點也不好玩。我拒絕再這樣無助，我要拿回自己的力量。

我給自己「擺脫過去」這份禮物，並帶著喜悅走進現在。

沒有任何問題大到或小到無法用愛解決。

我已經準備好要被療癒，我願意原諒，而一切都很好。

我知道舊有的那些負面模式不再束縛我，我輕輕鬆鬆地釋放了它們。

當我原諒自己，原諒別人也變得比較容易了。

我原諒自己並不完美。我以自己所知最好的方式過生活。

現在的我很安全，可以釋放所有童年時期的創傷，走進愛裡。

我原諒過去那些我認為做錯事的人。我帶著愛釋放他們。

眼前所有人生的變化都是正面的，我很安全。

§ 第16天 §

療癒你的關係

今天你要學習放開舊愛、療癒破裂的關係，然後開始尋找新的愛。

原諒是所有人都在尋找的奇蹟解藥，今天你可能覺得更輕鬆、更美好了。爲你的自由慶賀一番，並且用愛圍繞自己吧。

事實上，愛是今天的主題。你也許想要釋放一份舊愛或療癒一段破裂的關係，或者，你也許正在尋找一份新的愛。我要你現在看著鏡子。你有沒有看到那個正在看著你的人？那個人很美好、充滿了愛，而且是你認識的人裡面最重要的一個：你自己！

想要療癒某段關係，就必須先改善你與自己的關係。如果你都不想跟自己在一起了，別人怎麼會想？當你跟自己在一起很快樂時，你和其他所有人的關係都會有所改善。快樂的人非常有吸引力，若想擁有更多愛，那麼你必須更愛自己。就是這麼簡單。

這意味著不批評、不抱怨、不責怪、不發牢騷、不選擇覺得孤單。也就是說，對此刻的自己非常滿意，並選擇那些讓你**現在**感覺良好的想法。

體驗愛的方式不只一種，每個人不盡相同。對某些人來說，想要真正體驗到愛，必須透過擁抱和觸摸來**感覺**；有些人需要**聽到**「我愛你」這幾個字；有些人則必須**看到**愛的具體展現，例如一束花。而我們喜歡的接收愛的方式，往往也是我們表達愛最自在的方式。

建議你每天持續用鏡子來練習愛自己，只要有時間，就對自己說那些充滿愛的肯定句。展現你對自己越來越濃的愛，以浪漫與愛款待自己，寵愛自己，讓自己知道你有多特別。生命總是會將我們的內在感受反映回我們身上，當你培養出內在的愛與浪漫，那個能夠分享你與日俱增親密感的人、那個對的人，就會像磁鐵一樣被吸引到你身邊。

如果想要從孤獨的思維轉換到滿足的思維，就必須於內在和周遭創造一種充滿愛的心理氛圍。讓所有關於愛與浪漫的負面念頭漸漸消失，轉而想著與你遇見的每一個人分享愛、認可和接納。

真正愛自己時，你會保持歸於中心、平靜、安心，而你與家人、與同事的關係會十分美好。你會發現自己對周遭人事物的反應變得不同，那些對你來說曾經至關重要的事，看起來沒那麼重要了。會有新的人進入你的生命，而有些舊人也許會離開。一開始可能讓人很害怕，但也可能令人耳目一新、興奮不已。

記住：當你想著愉快的念頭，你就會是個快樂的人。每個人都想跟你在一起，你所有的關係都會改善，並蓬勃發展。

請說這個肯定句：「我的存在的中心深處，有一座源源不絕的愛之井。我就是愛。」

✦第16天的鏡子練習

1. 回到你在第二天做的鏡子練習。
2. 站在鏡子前。

3.深深凝視你的雙眼，說出這個肯定句：「我愛你，我真的愛你。」

4.這次把你的名字放進去，深深凝視你的雙眼，說：「我愛你，〔名字〕，我真的愛你。」這個肯定句值得一再重複。

5.如果你在關係裡遭遇困難，請凝視自己的雙眼，深呼吸，然後說：「我願意放開我對那些無法滋養我、支持我的關係的需求。」對著鏡子重複五次，每次說的時候，都賦予它更多意義。此外，請邊說邊想著你遭遇問題的那些關係。

✦第16天的記錄練習

1.在日誌裡寫下你小時候如何體驗到愛。你有沒有看見父母表達愛與情感？你在長大過程中是否經常被擁抱？在你家裡，愛是否被隱藏在爭吵、哭泣或沉默的背後？

2.寫下十個愛的肯定句，並在鏡子前面練習說。這裡提供一些範例：「我值得擁有愛。」「我越是敞開來接受愛，我就越安全。」「今天我記住，生命愛我。」「我讓愛在完美的時間點找到我。」

3.寫下十件你愛做的事，挑選其中五件，今天就去做。

4.花幾個小時寵愛自己：買花送給自己、請自己吃一頓健康的大餐、讓自己知道你有多特別。

5.這週的每一天都重複做步驟三！

✦第16天的心靈訊息：「我住在愛的圓圈中。」

把家人放進一個愛的圓圈裡，無論他們是否還活在世上。擴大這個圓圈，將朋友、你所愛的人、同事、過去認識的所有人，以及你想原諒卻不知如何原諒的人，全部圈進來。帶著對雙方的尊重與關懷，肯定你與他們每個人都擁有美好和諧的關係。

知道你可以活得有尊嚴、平靜、充滿喜悅。讓這個愛的圓圈圍住整個地球，並且打開你的心，如此一來，你的內在就有空間容納無條件的愛。

✦第16天的靜心：愛就是療癒

愛是最強大的療癒力量。將大量的撫慰、接納、支持與愛傳送給你認識的所有人，並且了解到，當你把這些想法傳送出去時，你也會接收到它們作爲回報。

觀想一個愛的圓圈，裡面包含了你的家人（無論在世與否）、朋友、同事，以及你過去認識的每一個人。把自己也放進圓圈裡。你値得被愛，你很美，你很有力量。敞開自己接受一切美好，以及你內在無條件的愛。請說以下這些肯定句：

我敞開自己接受愛。

我願意去愛，也願意被愛。

我看見自己很成功。我看見自己很健康。我看見自己的志向有創造性地被實現。

我擁有美好和諧的關係，在這些關係裡，雙方彼此尊重、彼此關懷。

§第17天§

活得沒有壓力

壓力是對生命及其接連不斷的變化感到恐懼的反應。

今天，你要學習讓自己不再覺得壓力沉重。

從大家的來信，以及在我臉書上的留言，我發現許多人都與生活中的眾多壓力苦苦搏鬥。你知道爲什麼你覺得壓力如此沉重嗎？

壓力是對生命及其無可避免的持續變化感到恐懼的反應。「壓力」這個詞已經成了流行語——我們把它當作不爲自己的感覺（尤其是恐懼）負責任的藉口。但是，如果能將壓力與恐懼畫上等號——並了解覺得壓力很大其實是種恐懼反應——你就可以開始消除自己對生活中的壓力的**需求**了。

一個平靜、放鬆的人既不害怕，也沒有壓力。所以，如果你覺得有壓力，問問自己到底在害怕什麼。大部分人都有一張長長的憂慮清單，裡頭列出的項目可能有工作、金錢、家庭，以及最重要的健康。你的擔憂應該轉換成如何消除恐懼，在覺得安全無虞的狀態下過生活。你可以從鏡子練習和說正面肯定句開始。這麼做的時候，你就能以正面思想取代限制性的負面想法，創造出平靜、喜悅、和諧、沒有壓力的人生。

我非常喜歡用這個說法：**所有的可能性**。這是我年輕時從紐約的一位老師那裡學到的。這個說法總是能提供一個起點，讓我的心智超越我以爲的「可能」——遠遠超越我從小到大抱持的種種限制性信念。

小時候我並不了解，大人對我的批評有太多根本不是我應得的。那是他們對充滿壓力或教人失望的一天產生的反應。但是，我相信他們對我的批評是眞的，而這些我將之內化的負面想法和信念，成了多年來制約我人生的限制。我外表看起來也許不是很奇怪、很笨或很蠢，但我內心確實這樣覺得。

我們對生命、對自己的信念，大部分在五歲左右就成形了。青少年時期也許會增加一點，然後年紀再大一點時也許又多一些些，但整體來說幾乎沒有什麼改變。如果我問你爲什麼會抱持某個信念，你八九不離十會追溯到小時候做的某個決定。

所以，我們活在自己五歲時的意識的種種限制中，而這些限制往往會阻止我們去體驗並呈現所有的可能性。我們會這樣想：「我不夠聰明。我的組織能力不好。我要做的事情太多了。我沒有足夠的時間。」你們之中有多少人正在讓限制性信念攔住你？

你可以選擇接受這些限制，或是超越它們。記住：**你感受到的限制只存在你的心智裡，與現實完全無關**。當你學會拋棄限制性信念，允許自己進入所有的可能性之中，你會發現，你已經夠好了。你擁有把事情做好的能力，你可以處理手上的任何事，也有足夠的時間。你可以看見各式各樣的可能性，而且絕對有能力去做了不起的事。

請說這個肯定句：「我一天比一天更有自信、更駕輕就熟。我的能力沒有極限。」

✦第17天的鏡子練習

1.坐在一張舒服的椅子上，雙手放在大腿上，雙腳平放在地板。現在，閉上眼睛，做三次長長的深呼吸。慢慢地吸氣、吐氣，吸氣、吐氣。想像你把緊張和恐懼像大衣一樣穿在身上。想像你解開鈕扣，從肩膀開始把大衣往下脫，滑過手臂，最後讓它掉落在地板上。感覺所有恐懼和緊張都從你的身體向外流，感覺肌肉放鬆了。讓你整個身體都放鬆。

2.現在，拿起隨身攜帶的鏡子，深深凝視你的雙眼，說：「我釋放所有恐懼。我釋放所有緊張。我很平靜。擺脫壓力是神賜予我的權利。」持續複誦這些肯定句。

3.閉上眼睛，再花幾分鐘深呼吸。重複這些肯定句：「我相信自己。我是有能力的人。我做得到。我可以處理出現在我面前的任何事。我相信各種可能性。」

4.今天一整天裡，只要看見自己的倒影，就重複這些肯定句：「我很平靜。我有足夠的時間。我輕鬆且毫不費力地隨著生命流動。」

✦第17天的記錄練習

1.閉上眼睛，回到過去，看見五歲時的你。你在什麼地方？學校？家裡？你喜歡做什麼？你如何看待這個世界？睜開眼睛，寫下浮現在你腦海中的任何東西。

2.你記得你五歲時有哪些憂慮或負面信念嗎？你記得任何受傷的感覺嗎？把它們全部寫下來。

3.在你於步驟二列出的所有負面信念旁，寫下你之所以有這些信念的眞正原因。也許是你父母那天工作很不順利，所以對你說了些並不眞實的話；也許是你小時候某個不被愛的朋友把氣出在你身上。在日誌裡寫下你所有的想法。

4.列出這一週讓你產生壓力的幾件事。其中有任何一件事跟你五歲時的限制性思維有關嗎？花些時間把你最深層的想法和反思寫下來。

✦第17天的心靈訊息：「我體驗到我內在所有的可能性。」

對你來說，何謂「所有的可能性」？把它想成「超越所有限制」吧。讓你的心智超越「這不可能做到」「這樣行不通」「時間不夠」「阻礙太多了」之類的想法。

想想看，你有多常表達出下面這些限制：「因爲我是女人，所以這個我做不到。」「因爲我是男人，所以沒辦法那樣做。」「我沒有做這件事的能力。」你抓住種種限制不放，因爲它們對你很重要。但是，限制會阻止你去呈現並體驗所有的可能性。每次想著「我不行」，你就是在限制自己。今天，你是否願意超越你相信的一切？

✦第17天的靜心：讓你活得沒有壓力的肯定句

充滿恐懼的負面思維只會爲你的人生帶來更多壓力。這裡有一些無論身在何處——在鏡子前、車上、辦公桌前——只要負面想法開始浮現，就可以對自己說的肯定句：

我放下所有恐懼和疑慮，生命對我而言變得簡單又不費力。
我為自己創造了一個沒有壓力的世界。
我慢慢地吸氣、吐氣，而隨著每一次呼吸，我越來越放鬆。
我是有能力的人，可以處理出現在我面前的任何事。
我歸於中心、很專注，每一天都覺得越來越有安全感。
表達自己的感受很安全。
在任何狀況下我都可以保持平靜。
我相信自己可以處理這一天出現的任何問題。
我了解壓力只是恐懼。現在，我釋放所有的恐懼。

§第18天§

接收你的富足

你是不是一塊吸引奇蹟、金錢、富足與豐盛的磁鐵？
今天你會知道，當你敞開來接受時，會變成什麼模樣。

這是個好時機，可以回頭看看你一開始做鏡子練習時在日誌裡寫下的筆記。你有沒有看見自己學到了好多東西？你有沒有發現你在對著鏡子裡的自己說肯定句時，已經自在很多了？你是塊吸引奇蹟的磁鐵！

你相不相信，你也是一塊吸引金錢、富足與豐盛的磁鐵？這個世界有太多的豐盛等著你去體驗，有多到你花不完的錢，有多到你無法想像的喜悅，有多到你無法一一認識的人。如果充分了解這一點，你就會明白，你可以擁有你需要及渴望的一切。

我們內在的力量願意立刻實現我們最熱切的夢想，並給予我們取之不盡的豐盛。你是否敞開來要接收了？如果你想要某樣事物，宇宙不會說：「我會好好想想。」它會立刻回應，把東西送來給你。然而，你必須敞開來並準備好，才接收得到。

我注意到，有些來聽我演講的人坐下來時雙臂會環抱在胸前，這樣要如何讓任何事物進來？敞開雙臂是個很好的姿勢，可以讓宇宙注意到，並有所回應。

我邀請你現在就這樣做。站起來，張開雙臂，然後說：「我敞開自己，樂於接受宇宙中所有的美好與豐盛。」現在，去屋頂大聲喊給每一個人聽！

富足可以代表很多事物——金錢、愛、成功、安逸、美麗、時間、知識。藉由談論和想著自己的豐盛，你創造了富足。你無法透過談論和想著自己有所缺乏而創造出富足，當你專注於匱乏時，只會創造出更多匱乏的狀態。貧窮思維會帶來更多貧窮，感恩思維則會帶來更多豐盛。

鏡子練習是非常強大的工具，有助於將更多富足帶入你的人生。當你允許宇宙的豐盛流經你的種種體驗，就能接收到你渴望的一切。而你要做的，就是進行鏡子練習而已！

無論你給出什麼，都會回到你身上，永遠如此。向生命拿取，生命也會向你拿取，就這麼簡單。你也許覺得自己並沒有偷拿，但你算過自己從辦公室帶回家的迴紋針和郵票嗎？你是不是會偷時間或掠奪他人的尊嚴？這一切都在告訴宇宙：「我不配擁有生命中的美好，得用偷的才行。」

要意識到這類可能阻礙你生命中金錢與富足之流的信念，然後，利用鏡子練習來改變這些信念，並創造出新的豐盛思維。如果有金錢上的問題，最好的方法就是培養富足思維。

這裡提供兩個我用了許多年、對我很有用的富足肯定句，在你身上也一樣行得通：「我的收入持續增加。」「無論轉向何處，我都很富足。」

生活中有好事發生時，對它說：「好！」敞開來接受美好事物，對你的世界說：「好！」機會和富足會因此增加百倍。一天一次，張開雙臂站著，開心地說：「我敞開自己，樂於接受宇宙中所有的豐盛。謝謝你，生命。」生命會聽見你說的話，並有所回應。

✦第18天的鏡子練習

1. 今天你的鏡子練習要聚焦在接收你的富足。站起來，張開雙臂說：「我敞開自己，樂於接受所有的美好。」

2. 現在，對著鏡子再說一次：「我敞開自己，樂於接受所有的美好。」讓這句話從你的心流出來：「我敞開自己，樂於接受所有的美好。」

3. 再重複這個肯定句十次。

4. 注意你有什麼感受。有獲得解放的感覺嗎？每天早上都做這個練習，直到你的鏡子練習課程全部結束爲止。這是增加你的富足意識非常好的方法。

✦第18天的記錄練習

1. 你對金錢的信念是什麼？回到鏡子前，凝視你的雙眼，然後說：「我對金錢最大的恐懼是〔填入你的恐懼〕。」寫下答案，以及你爲什麼會這麼想。

2. 你小時候對於「金錢」都學到些什麼？那時你家裡的財務是如何處理的？你現在如何處

理金錢？寫下你的想法。你是否看見任何模式？

3.現在來寫一些東西，好讓自己轉移到富足思維。寫下若能擁有你一直想要的一切會是什麼感覺。你想要些什麼？那時你的人生會是什麼模樣？你會去哪裡旅行？你會做些什麼？去感覺、去享受，發揮創意，讓自己玩得愉快！

✦第18天的心靈訊息：「我凡事都說『好』。」

我知道我與所有的生命是一體的。我被無限智慧圍繞、充滿，因此，我全心依賴宇宙以各種正面的方式支持我。我可能需要的一切，都已經在這裡等著我了。這個星球上有我吃都吃不完的食物，有我怎麼花也花不完的錢，有多到我無法一一認識的人，有多到我體驗不完的愛，有多到我無法想像的喜悅。這個世界擁有我需要及渴望的一切，我全部都可以享用、可以擁有。

一體的無限心智、一體的無限智慧永遠對我說「好」。無論我選擇相信什麼、想什麼、說什麼，宇宙總是說「好」。我不浪費時間在負面思想或負面事物上，我選擇以最正面的方式看待自己和人生。

我對機會和富足說「好」，對所有的美好說「好」。我是個凡事說「好」的人，生活在一個永遠說「好」的世界，宇宙總是以「好」來回應我，我因此歡欣不已。

我很感激自己和宇宙智慧是一體的，並有宇宙力量做後盾。

✦第18天的靜心：接收富足

你無法透過談論和想著自己缺乏金錢而創造富足，這麼做只是浪費你的思維，而且無法爲你帶來豐盛。老是想著匱乏，只會創造出更多匱乏的狀態。貧窮思維會帶來更多貧窮，感恩思維則會帶來豐盛。

有幾種態度和肯定句保證一定無法讓人富足。因爲別人有錢而怨恨他們，只會在你與自己的富足之流中間築起一道牆。而「錢永遠不夠」「錢花得比賺得快」之類的負面肯定句，是很糟糕的貧窮思維。宇宙只會回應你相信的自己、你相信的人生。**仔細檢視你對金錢有哪些負面**

想法，然後下定決心丟掉。它們過去沒有幫上你的忙，未來也不會對你有好處。

你可以偶爾買張彩券玩玩，但不要太認眞地想要贏得頭獎，以爲這樣就能解決你的問題。這是種匱乏思維，不會創造出持久的美好。贏得彩券頭獎很少爲任何人的生命帶來正面改變，事實上，大多數頭獎得主都在兩年內幾乎花光所有的獎金，而且財務狀況往往比中獎之前更糟。如果你以爲贏得頭獎便能解決你所有的問題，就大錯特錯了，因爲這沒有改變你的**意識**。事實上，你正在告訴宇宙：「我不配擁有生命中的美好事物，除了那些僥倖得到的。」如果改變思維，允許宇宙的豐盛流經你的體驗，你就能擁有你認爲彩券頭獎可以帶給你的一切，還能長久保有，因爲它們是藉由意識而成爲你的所有物。

「肯定」「宣告」「値得擁有」及「允許」這幾個步驟，可以吸引遠比彩券頭獎更大的財富。敞開意識接受新的金錢觀念，錢就會是你的。

若想將更多金錢與富足帶進自己的人生，請帶著情感複誦下面這些肯定句：

我是個吸引金錢的磁鐵。各種富足都被吸引到我身邊。

工作時，我深深感恩，也獲得很好的報償。

我生活在一個充滿了愛、豐盛、和諧的宇宙中，對此我深深感謝。

我願意接受無所不在的無限富足。

吸引力法則只把美好事物帶進我的人生。我從貧窮思維轉移到富足思維，而我的財務狀況也反映了這個改變。

每個地方、每個人，都為我帶來美好的事物。

我對生命中所有的美好表達感恩之意。每個日子都為我帶來美好的、新的驚喜。

我帶著愛付帳，而我開出每一張支票時，都充滿喜悅。豐盛自由地流經我。

我值得擁有最好的，而我現在接受最好的。

我釋放對金錢的所有抗拒，允許金錢愉悅地湧入我的人生。每個地方、每個人，都為我帶來美好的事物。

§第19天§

以感恩的態度生活

今天要專心感謝生命，感謝它給予的所有禮物，同時要學習每天都以感恩的態度生活。

你知道富足與感恩密不可分嗎？我一直很感謝自己和宇宙智慧是一體的，並有宇宙力量做後盾。我發現宇宙喜歡感恩的態度，越是感恩，你就能獲得越多好東西。我所謂的「好東西」，指的不只是物質事物，而是所有讓人生如此美好且值得過的人、地方和體驗。

你知道當人生充滿了愛、喜悅、健康和創造力，而且你開車時一路綠燈，接著又順利找到車位時，感覺會有多棒嗎？我們的人生本來就應該是這樣。如果抱持感恩的心，這就是我們的人生會有的模樣。宇宙是非常慷慨、富有的給予者，而且它喜歡被人感謝。

想想你送朋友禮物時的感覺。如果這個人看著禮物皺起眉頭，或者說「這跟我不搭」或「我不用這種東西」之類的話，那你大概不會想要再送這個人禮物。但是，如果你的朋友雙眼閃閃發光，很開心、很感謝你，那你每次看到對方喜歡的東西，就會想要買來送給他。

好長一段時間以來，我在接受各種讚美與禮物時都會這麼想：「我以愉快、喜悅及感恩的心情將它收下。」我知道宇宙喜歡這樣的說法，而我也不斷收到各種很棒的禮物！

從醒來那一刻就懷抱感恩的心。如果用「床啊，謝謝你，我昨晚睡得真好」這句話展開新的一天，從這裡開始，你會想到更多更多值得感恩的事物。到了真正從床上爬起來時，我大概已經對我生命中八十到一百個不同的人、事、地方和體驗表達感謝之意了。

晚上睡覺前，回顧你的這一天，祝福並感謝你經歷的一切——就算是充滿挑戰性的經歷。如果覺得自己犯了錯，或是做了個不是那麼好的決定，原諒自己。

對你學到的所有功課表達感謝，即使是痛苦的教訓。它們都是給你的小小寶藏，當你從中學到些什麼時，你的人生就會變得更好。如果看到自己的黑暗面，要感到欣喜，這代表你已經準備好要放下一直在阻礙你的某樣東西。這時候，你可以說：「謝謝你讓我看到這個，這樣我就可以療癒它，然後繼續前行。」

今天，還有每一天，盡可能花許多時間來感謝你生命中所有的美好。假如你現在的人生中幾乎沒什麼美好事物，會增加的；如果你現在的人生十分豐足，美好事物還會持續增加。這是個雙贏局面，你很快樂，宇宙也很快樂。這種感恩的態度會增加你的豐盛。

今天和人互動時，告訴對方你有多麼感謝他所做的一切。跟店員、服務生、郵局職員、老闆、員工、朋友、家人、陌生人都這麼說，讓我們幫忙創造一個無論付出或接受都充滿感恩的世界！

請說這個肯定句：「我愉悅地對生命付出，生命則充滿愛地將之歸還到我身上。」

✦第19天的鏡子練習

1. 早上醒來、睜開眼睛後，先對自己說這些肯定句：「床啊，早安，非常感謝你給我的溫暖與舒適。親愛的〔名字〕，這是受到祝福的一天，一切都很好。」

2.花幾分鐘躺在床上放鬆一下，想著你感謝的所有事物。

3.準備起床時，去浴室的鏡子前，甜蜜地、深深地凝視你的雙眼，列出你感謝的許多事物，把它們套進肯定句裡：「我感謝自己的甜美笑容。我感謝自己今天覺得非常健康。我感謝自己今天有班可上。我感謝今天要碰面的朋友。」

4.今天一整天只要經過鏡子，就停下來對你當下感謝的某樣事物說一個肯定句。

✦第19天的記錄練習

1.每天都要滋養你的感恩態度——開始寫感恩日記吧。寫下至少一樣讓你感謝的事物。寫下所有讓你感謝的事物。爲你感謝的每樣事物寫一個肯定句，用在鏡子練習裡。

2.閱讀一些具有啓發性、關於感恩的力量的故事。以你自身的經歷或你認識的某人的人生爲基礎，寫一個富啓發性的感恩故事。

✦第19天的心靈訊息：「我優雅地給予及接受禮物。」

我的存在的中心深處，有一座源源不絕的感恩之井，現在我允許這份感恩充滿我的心、我的身體、我的心智、我的意識、我的整個存在。這感恩從我身上往四面八方發散出去，觸及我世界裡的一切，然後回到我身上，讓我又有更多值得感謝的事物。我越是覺得感恩，越能意識到供應源源不絕。

感謝與接受如同強力磁鐵，隨時都在吸引奇蹟到來。讚美則是富足給予的禮物，我學會優雅地接受。如果有人稱讚我，我會微笑地說：「謝謝你。」

今天是生命給予的神聖禮物。我張開雙臂接收宇宙提供的最大程度的富足，無論白天或晚上，我隨時都會讓它進入我的人生。

宇宙以各種可能的方式支持我。我生活在一個充滿了愛、豐盛、和諧的宇宙中，對此我深深感謝。然而，有時候，宇宙給了我些什麼，我卻剛好處在無法有任何回饋的狀態。我可以想到許多幫過我大忙的人，當時我無以回報，但後來我有能力幫助其他人，這就是生命運作的方式。我放鬆下來，因爲此時此刻的豐盛與感恩而欣喜。

✦第19天的靜心：光來了

這個練習需要兩個人，所以，邀請一位朋友或家人加入吧。

面對你的夥伴坐著，牽起彼此的手，凝視彼此的眼睛。好好地做一次深呼吸，釋放你可能有的任何恐懼。再深呼吸一次，放開你的評斷，允許自己單純和這個人共處。

你在你夥伴身上看到的，是你的映像，反映出你的內在。我們是一體的。我們呼吸著相同的空氣，喝著相同的水，吃著地球上的食物；我們擁有相同的渴望和需求，都想要健康，都想要愛人和被愛，都想要過著舒適而平靜的生活，都想要富足成功，都想要過著充實的人生。

允許自己帶著愛來看你的夥伴，並願意接收回到你身上的愛，知道你很安全。肯定你的夥伴十分健康；肯定充滿愛的關係，這樣你的夥伴就隨時被充滿愛的人包圍；肯定富足，如此你的夥伴就能過得安逸。在知道你給出去的都會加倍回到你身上的狀態下，肯定你的夥伴一切都順利。這樣做很值得。看見你的夥伴願意接受這一切。事實就是如此。

§第20天§

教孩子做鏡子練習

小孩子也會面臨生活的壓力。

今天，你要學習跟小朋友一起做鏡子練習，並看著奇蹟發生。

這門課接近尾聲了，你做得非常好，我爲你的投入鼓掌！做鏡子練習的每一天，你都在給自己愛的禮物；做鏡子練習的每一天，你都在放下長久以來一直抱持的陳舊負面信念。這些負面信念是從哪裡來的？是小時候學到的。我們吸收了別人對我們說的每一句話，聽父母或其他大人說我們不好或不對的地方越多，我們越容易相信那些話是眞的。

成長過程中，我們經常對彼此說些殘忍、傷人的話，彼此看輕。不過，我們爲什麼會這麼做？我們從哪裡學到這種行爲的？許多人都被父母或老師說過「你很笨」「你很蠢」「你好懶」

「你整天惹麻煩」「你不夠好」，聽到這些話，我們也許很難堪，但就這麼相信了。我們不了解這些信念的傷害有多大，或者，我們的痛苦和羞愧會埋得多深。

回頭看看這門課比較困難的地方，那些揭露了你的阻礙性信念的部分。你在進行鏡子練習並做紀錄時，有沒有發現那些信念往往源自你童年的傷痛？

學生時期沒有人教我，我選擇使用的話語會影響我的人生。沒人教過我，我的思想具有創造力，眞的可以形塑我的命運，或者我說出去的話會回過頭來成爲我的人生經歷。從來沒有人教我，我値得被愛，或者我的人生本來就該有好事發生。當然，也沒有人教我生命永遠支持著我。

現在，我們可以爲自己的孩子改變這一切。我們可以爲孩子做的最重要的一件事，就是提醒他們這個基本事實：他們非常讓人愛。父母這個角色不是要表現完美，不是要把每件事做對，而是要充滿愛、要寬容。

現在的孩子需要面對的問題，比我們在同樣年紀時多得多。他們不斷被新聞砲轟，告訴他們這個世界現在的狀況有多糟糕，然後必須持續做出各種複雜的選擇。而孩子面對這些挑戰的方式，直接反映出他們對自己眞正的看法。孩子越愛自己、越尊重自己，就越容易在人生中做出正確的選擇。

對孩子灌輸可以讓他們改變今日世界的獨立觀念、力量和知識很重要。但最重要的是，**要教他們去愛眞正的自己，並讓他們知道，無論如何他們已經夠好了**。

年輕人很尊敬我們，會聽從我們說的每一句話。請做個說正面話語和肯定句的傑出榜樣，當你開始相信這些話，你的孩子也會。

滋養你生命中的孩子，就像你正學著滋養自己。記住：沒人有「完美」的孩子或「完美」的父母。我們一定曾經做出糟糕的選擇，那只是學習與成長過程的一部分。重要的是無條件地愛你的孩子，而最重要的，是無條件地愛**你自己**。然後，看著奇蹟出現在你的孩子，以及你自己身上。

請說這個肯定句：「我可以成為我想要成為的人。我可以做我想要做的事。生命會全力支持我。」

✦第20天的鏡子練習

1.我希望你去看一段影片，內容是一個可愛的小女孩在說她的肯定句。影片名稱叫「潔西卡的每日肯定句」（Jessica's "Daily Affirmation"），你可以掃描下面這個QR code觀賞影片，或是直接以影片的英文名稱上網搜尋。

2.和你的小孩或你生活中的任何一個孩子一起看這段影片，甚至和你的內在小孩一起觀賞。

3.請你的孩子像影片裡的潔西卡那樣每天說自己的肯定句（潔西卡在影片裡說的是：看！我可以當一隻鯊魚。我的家很棒，我不管什麼都能做好。我喜歡我的學校，我喜歡任何事物，我喜歡我爸爸，我喜歡我的表姊妹，我喜歡我阿姨，我喜歡艾莉森，我喜歡我媽媽，我喜歡我妹妹，我喜歡我的頭髮，我喜歡我的髮型……）。問問孩子他因爲什麼而快樂，並且要他告訴鏡子。

4.你可以在做自己的鏡子練習時邀請你的孩子加入。說一些簡單的肯定句，例如：「我愛你。我愛你的每一個地方。我很棒！我很美！我的髮型超讚！我可以像電視明星一樣跳舞！」

5.每天安排一段時間跟孩子一起做鏡子練習，即使只是早上幾分鐘都可以。

✦第20天的記錄練習

1.準備圖畫紙、色鉛筆、彩色簽字筆、蠟筆和膠水，請你的孩子畫一面他可以對著說話的魔鏡。鼓勵孩子盡量裝飾這面鏡子，例如把漂亮的圖片貼在周圍、在鏡框加上亮片或亮粉、將它塗滿豐富色彩等。

2.跟孩子輪流對著這面魔鏡說一些關於自己的好話。

3.寫下你和孩子說的正面話語，這樣你們早上一起做鏡子練習時就可以重複這些話。

✦第20天的心靈訊息：「我坦率地和孩子溝通。」

和孩子之間的溝通管道要保持暢通，這件事至關重要，特別是在他們的青少年時期。孩子經常聽到別人對他們說「不要做這個」「不要做那個」「不要這樣覺得」「不要這個樣子」「不要那樣說」，當他們聽到的全是「不要」「不要」「不要」，就會停止跟你溝通了。

然後，等孩子長大了，父母就會抱怨：「我的小孩從來不打電話給我。」他們爲什麼不打電話給你？因爲你們之間的溝通管道已經被切斷了。

當你以坦率開放的態度對待孩子——用「覺得難過沒關係」「你可以跟我聊聊」之類的正面話語跟他們說話——並且鼓勵他們分享自己的感受時，溝通管道就會恢復。

✦第20天的靜心：歡迎孩子到來

把一隻手放在心臟上面，閉上眼睛，讓自己不只**看見**內在小孩，也**成爲**那個孩子。請人念下面這段話給你聽，想像你正在聽父母這麼告訴你：

我們很高興你來了，我們一直在等你。我們好想要你成為我們家的一分子。你對我們來說如此重要，這個家沒有你就不一樣了。我們愛你，想要抱著你。我們想幫助你成長為你可以成為的任何人，你不需要像我們，可以做你自己。我們愛你的獨特性。你是如此美麗、如此聰明、如此充滿創造力，我們好高興有你在這裡。謝謝你選擇我們家。我們知道你是受到祝福的，而你的到來也是我們蒙受的祝福。我們愛你，我們真的愛你。

讓你的小孩為你證明這些話是眞的。要知道，你每天都可以對著鏡子說出這些話。你可以對自己說所有你希望你父母對你說的話。你的小孩需要感覺到自己是被愛的、是有人要的，給你的小孩這種感覺。

無論你的年紀多大，或是生了多嚴重的病，或是你的內在小孩有多害怕，他都需要有人要他、有人愛他。持續告訴內在小孩：「我要你，我愛你。」這對你來說也是事實。宇宙要你在這裡，而這就是爲什麼你在這裡。你一直被愛著，也永遠會被愛著。你從此以後可以過著幸福快樂的生活，事實就是如此。

§第21天§

現在，好好愛自己

透過鏡子練習，你發覺現在這樣的你就是完美的，
而愛你自己就可以療癒所有問題。

親愛的，恭喜!這是你的「二十一日鏡子練習冒險旅程」的最後一天，距離發現你人生中最大的寶藏——「愛自己」這份禮物——越來越近了。

我知道這不是一趟輕鬆的旅程，一路上出現了一些阻礙，但你堅持住了，我眞爲你感到驕傲!

在這趟旅程中，你利用鏡子練習來幫助自己檢視自我對話、讓內在的批判者安靜下來、原諒那些傷害過你的人、放下過去的恐懼，並釋放了陳舊的信念與負面思考模式。藉由這麼做，

你已然開啓了自己內在的藏寶庫。

我希望你永遠記住，有一樣東西可以療癒所有問題：**愛你自己**。當你開始一天比一天更愛自己，你的人生就會變好，好到讓你驚訝。你會有更美好的感覺，會得到你想要的工作，會擁有你需要的錢；你的人際關係會有所改善，負面的人會消失，新的人會出現。

雖然你已經完成這門課了，但你的鏡子練習才剛剛開始。這是你每天要做的功課。在你繼續這段旅程時，很有可能會遭遇更多阻礙，甚至有時繞了遠路，但你會準備好的。你會有能力讓自己站起來，對著鏡子提醒自己，你值得被愛。現在這樣的你就是完美的，你值得擁有生命中所有的美好事物，你是個吸引奇蹟的磁鐵。

隨身攜帶鏡子，不斷提醒鏡中那個回望你的美麗人兒，你全心全意地愛他。

請說這個肯定句：「當我對自己和我遇到的每個人表達愛時，這份愛會回到我身上！」

我在本書的後記留給你十二個現在就愛自己的方法。讓它們提醒你，你過去三週表現得有多好。然後要記住：我愛你！

✦第21天的鏡子玩樂

1.到鏡子前面看著鏡中那個回望你的美麗人兒。高舉雙臂，給自己一個大大的喝采，恭喜自己終於完成這門課了！說這些肯定句：「親愛的，我愛你，我真的愛你。你做到了！你完成了這門課。我真為你感到驕傲。只要下定決心，你什麼都能做到。」

2.花點時間對你下的功夫表達感謝之意。說這些肯定句：「謝謝你堅持住了。謝謝你敞開來學習新事物。我真的愛你。」

3.承諾讓你的鏡子玩樂持續下去，說：「明天見囉，美女/帥哥。我們會討論我想要改變的其他地方。我愛你。你值得被愛，你值得擁有最好的一切。」

✦第21天的記錄練習

1.回顧你從鏡子練習一開始寫下來的東西。瀏覽你做過的每個練習，爲自己下的功夫喝采。

2.寫下你進步最多的是哪些地方。寫下你碰到問題、還需要更努力練習的是哪些部分。

3.你覺得需要鏡子更多引導的是哪些練習？回頭重新再做。

4.現在，去和內在小孩玩吧！

✦第21天的心靈訊息：「我們都是和諧整體的一部分。」

記住，你是人類共同體的一分子，努力要讓這個世界變得更好。我們會在這個時間點聚在一起，是因爲我們必須從彼此身上學習某樣東西。學著愛自己是很安全的，這麼做能讓我們從這個經歷中成長並獲益。我們選擇攜手合作，在我們的關係及人生其他領域中創造和諧。

我們在對的時間說對的話，並隨時遵循正確的行動方針。每個人都是和諧整體的一部分。

當我們充滿喜悅地攜手合作時，會出現一股神聖的融合能量，以讓人充分發揮才能且富有成效的方式，支持並鼓勵著彼此。我們很健康，我們很快樂，我們充滿愛與喜悅，我們尊重並支持自己與他人，並且與自己、與彼此和諧共處。就這樣吧，事實就是如此。

✦第21天的靜心：一個安全的世界

過去的二十一天裡，我們觸及許多事。我們談到負面與正面的事，談到恐懼與挫折。許多人依然不相信自己能照顧好自己，覺得迷失又孤單。然而，我們已經在自己身上努力一段時間了，也注意到自己的人生正在改變，許多過去的問題已經不再是問題。改變不會在一夜之間發生，但如果我們堅持不懈、始終如一，正面的事情一定會發生。所以，讓我們與他人分享自己擁有的能量與愛。要知道，當我們發自內心地給予時，我們也在接收他人發自內心的付出。

讓我們敞開心，用愛、支持與關懷接納每一個人。讓我們把這份愛移到街上那些無家可歸、無處可去的人身上。讓我們與那些憤怒、恐懼或痛苦的人分享自己的愛。讓我們把愛傳送給那些正要離開這個世界和已經離開的人。

讓我們與所有人分享自己的愛，無論他們接受與否。讓我們把整個地球放進心裡：動物、植物，以及所有的人。那些讓我們生氣或充滿挫折感的人，那些不照我們的意願做事的人，還有那些行爲舉止被認爲「邪惡」的人——讓我們也把他們放進心裡，這樣一來，他們就會有安全感，然後開始認識眞正的自己。

想像和平突然降臨在地球上每個角落，並且知道你此刻正在對那份和平貢獻心力。爲自己有能力提供正面幫助而欣喜。感謝自己是如此美好。要知道，這一切對你而言眞實不虛，事實就是如此。

〈後記〉

讓鏡子練習幫助你學會愛自己

親愛的，我眞的很高興能與你分享鏡子練習這個對我而言非常珍貴的方法。我希望你也會找到鏡子練習的價値，它是一項能幫助你獲得正面成長並照顧自己的工具。

結束之際，我要留給你十二個現在就愛自己的方法——而且能夠一直愛下去。讓它們提醒你，你在過去三週學到的東西，並持續支持你創造愉快而充實的人生。

然後，永遠記住：我愛你！

露易絲．賀

*在二十一天的鏡子練習裡，每一天都提供一個引導式靜心。若想下載靜心內容的語音檔，請至：www.hayhouse.com/download，依指示填寫個人資料建立帳戶，並輸入產品編號（Product ID）：1516，以及下載碼（Download Code）：ebook，即可下載。

十二個愛自己的方法

1. 停止所有批評

批評從來改變不了任何事。拒絕再批評自己，如實地接受現在這樣的你。每個人都會改變。當你批評自己，你的變化會是負面的；當你認可自己，你的變化就會是正面的。

2. 原諒自己

放下過去吧，當時你已經根據自己的理解、覺知和知識盡力而爲了。現在，你正在成長與改變，你的人生會有不同的面貌。

3. 不要嚇自己

別再用自己的想法嚇自己了，這種生活方式很糟糕。

找一個能讓你感到愉悅的心理意象，馬上把可怕的想法轉換成愉快的想法。

4.要溫柔、仁慈、有耐心

對自己溫柔一點。對自己仁慈一點。學習新的思考方式時，對自己要有耐心。你如何對待自己眞心喜愛的人，就如何對待自己。

5.仁慈地對待自己的心智

自我憎惡就是在憎恨自己的想法。不要因爲你有這些想法而憎恨自己，溫和地將它們轉變成更加肯定生命的想法。

6.讚美自己

批評會瓦解你內在的靈，讚美則能增強它。所以，盡可能稱讚自己，告訴自己做得很好，每件小事都處理得非常理想。

7. 支持自己

找各種方法支持自己。向朋友求助，讓他們幫你。有需要時尋求協助，是堅強的人才會做的事。

8. 對負面的自己懷抱著愛

承認自己創造出負面事物來滿足某項需求。現在，你找到了新的、正面的方法來滿足那些需求。所以，帶著愛釋放種種陳舊的負面模式吧。

9. 好好照顧自己的身體

學習營養相關知識。你的身體需要哪種燃料才能擁有最多能量與活力？學習運動相關知識。你喜歡哪種運動？愛護並尊重你居住其中的這座聖殿。

10. 玩得開心！

記起那些小時候讓你玩得很開心的事，然後把它們融入你現在的生活中。想辦法讓自己做任何事都覺得很有趣。讓自己表達出活著的喜悅，微笑，大笑。你開心，宇宙就會跟著你一起開心！

11. 現在就開始愛自己

不要等到身體變好，或是減肥成功，或是找到新工作，或是擁有一段新戀情之後才開始。現在就開始愛自己，而且要盡你所能去愛。

12. 做鏡子練習

經常凝視自己的雙眼，表達你對自己與日俱增的愛。看著鏡子時，原諒自己。看著鏡子時，跟父母說話，然後也原諒他們，至少一次。

筆記

國家圖書館出版品預行編目資料

鏡子練習：21天創造生命的奇蹟／露易絲・賀（Louise L. Hay）著；張國儀 譯. -- 初版. -- 臺北市： 方智，2017.09
176面；14.8×20.8公分. --（方智好讀；101）
譯自：Mirror Work: 21 Days to Heal Your Life
ISBN 978-986-175-469-7（平裝）
1.自我肯定 2.自我實現

177.2 106012559

Eurasian Publishing Group 圓神出版事業機構 方智出版社 Fine Press

www.booklife.com.tw reader@mail.eurasian.com.tw

方智好讀 101

鏡子練習：21天創造生命的奇蹟

作 者／露易絲・賀（Louise L. Hay）
譯 者／張國儀
發 行 人／簡志忠
出 版 者／方智出版社股份有限公司
地 址／台北市南京東路四段50號6樓之1
電 話／（02）2579-6600・2579-8800・2570-3939
傳 真／（02）2579-0338・2577-3220・2570-3636
總 編 輯／陳秋月
資深主編／賴良珠
責任編輯／黃淑雲
校 對／黃淑雲・賴良珠
美術編輯／李家宜
行銷企畫／陳姵蒨・曾宜婷
印務統籌／劉鳳剛・高榮祥
監 印／高榮祥
排 版／陳采淇
經 銷 商／叩應股份有限公司
郵撥帳號／18707239
法律顧問／圓神出版事業機構法律顧問 蕭雄淋律師
印 刷／祥峯印刷廠

2017年9月 初版
2024年2月 28刷

定價260 元 ISBN 978-986-175-469-7 Printed in Taiwan